父教危機?!

如何做個好父親

李文道
孫雲曉 ／ 著

責任編輯　　俞笛

書籍設計　　鍾文君

書　　名　父教危機?!——如何做個好父親
著　　者　孫雲曉　李文道
插　　圖　Victor Lin(林楊 8 歲)
出　　版　三聯書店(香港)有限公司
　　　　　香港北角英皇道 499 號北角工業大廈 20 樓
　　　　　Joint Publishing (H.K.) Co., Ltd.
　　　　　20/F., North Point Industrial Building,
　　　　　499 King's Road, North Point, Hong Kong
香港發行　香港聯合書刊物流有限公司
　　　　　香港新界大埔汀麗路 36 號 3 字樓
印　　刷　陽光印刷製本廠
　　　　　香港柴灣安業街 3 號 6 字樓
版　　次　2013 年 5 月香港第一版第一次印刷
規　　格　特 16 開(150 × 210 mm)280 面
國際書號　ISBN 978-962-04-3388-7
　　　　　© 2013 Joint Publishing (H.K.) Co., Ltd.
　　　　　Published & Printed in Hong Kong

目錄

前言：
八種品質成就好父親

孫雲曉

我完全相信，絕大多數男人在做了父親之後都會油然而生一種責任感。30 年前，我有過這種強烈的體驗，緊緊抱着女兒柔弱的身體，無法不產生要保護孩子的天然衝動。可是，許多父親漸漸放棄了自己的責任，或者說，他們發現妻子帶孩子比自己更有愛心和耐心，他們覺得自己出去打拚掙錢是對家庭更大的貢獻。於是，父親與孩子關係日趨疏遠甚至陌生。

中國普遍存在 父教缺失的現象

有一天傍晚，我在北京的街頭等的士。的士司機是個中年人，圓臉，板寸頭，看樣子心情不錯。他問我是幹什麼的，我說是做兒童教育的。的士司機很驚訝地看我一眼，說：「老爺們還搞什麼兒童教育

啊？」聊天中我知道他有一個九歲的女兒，就反問他：「你不管孩子的教育嗎？」他不以為然地「嗨」了一聲：「教育孩子是他媽的事，我就管掙錢！」我想，這位的士司機父親或許就是父教缺失的受害者。

2009 年 3 月 23 日，我們中國青少年研究中心發佈了《中日韓美四國高中生權益狀況比較研究報告》，其中一組中國父教缺失的數據引起社會的關注。

從四國比較的數據中可以看出，中國高中生覺得父母關心自己最多——中國 94.0%，美國 93.9%，韓國 91.7%，日本 88.4%，但中國高中生卻與父母聊天最少——中國 54.8%，韓國 70.1%，美國 73.8%，日本 82.0%。中國高中生覺得煩惱無處可訴的比例最高，高達 21.0%（日本 19.4%，韓國 17.2%，美國 8.4%）。

特別值得注意的是，當我們問四國的高中生：你如果有心事和煩惱找誰訴說呢？美日韓三國的高中生都把父親和母親放在前五位，而中國高中生只把母親放在前五位，父親前五位榜上無名，排在網友之後（我在各地講課時提到這一點總會引起哄笑，因為大家覺得太不可思議了）。

顯然，中國普遍存在父教缺失的現象。所以，當我們在寫作《男孩危機?!》一書的時候，就有一個強烈的願望，要寫這本《父教危機?!》的書。

那麼，父教缺失有什麼危害嗎？

家庭是個人健康成長的基石，也是社會和諧的基石。青少年的許

多社會問題，如暴力、犯罪、性問題、網絡成癮等往往源於家庭，而父教缺失就是其中一個非常嚴重的問題。父教缺失對孩子和社會的破壞性影響都是不容置疑的。有人認為父教缺失就像開啟了一條生產線，向社會批量輸送問題孩子，向監獄批量輸送罪犯。

在本書中，我們向讀者朋友提供了三組有些冷冰冰的數據。

第一組數據來自美國父道組織的調查：美國 70% 的少年犯出自單親家庭；60% 的強姦犯、72% 的少年兇殺犯、70% 的長期服役犯人來自無父家庭；90% 的無家可歸和離家出走的孩子來自無父家庭；戒毒中心有 75% 的青少年來自無父家庭；80% 的強姦犯的動機來源於無父家庭的憤怒。

第二組數據來自美國總統奧巴馬，在 2008 年父親節講演時他引用了這樣一組統計數據：生活中沒有父親的孩子將來落入貧困或犯罪的可能性比一般孩子高出五倍；他們將來棄學的可能性高出九倍；將來被關進監獄的可能性高出 20 倍。他們更有可能出現行為問題，更有可能離家出走，更有可能在未成年時就當上父母。

第三組數據來自內地，北京軍區總醫院青少年成長基地近些年研究發現：孩子成長過程中出現的行為問題和成癮性的人格特點，其首要責任在父親。該基地對所收治的網絡成癮病例的統計發現，排名第一的傷害是父愛缺失，佔 87%。

為什麼會是這樣呢？

美國父親角色研究的專家羅斯·派克教授研究發現，人的發展有

兩個方向，一是親密性，如慈愛、寬容、合作等等；二是獨立性，如勇敢、堅強、責任等等。兩性的個性差異是相輔相成的，母親在培養孩子親密性方面具有天然優勢，父親在培養孩子獨立性方面具有天然優勢。關於這一點，大家觀察一下父母抱孩子和帶孩子外出遊玩顯著差異的風格，可以看得非常清楚。所以，最好的家庭教育一定是父母密切合作的。

父親意味着規則與監督，也意味着權威與可信賴。在沒有父親參與的情況下，孩子往往缺乏規則教育與必要監督，當遇到難題需要幫助時，孩子往往會缺乏一個可以信賴與參照的權威與榜樣，這可能正是青少年的許多社會問題的根源所在。

父愛對孩子的發展
具有獨特的價值

眾多研究表明，父親在孩子發展的許多方面發揮着巨大的作用，父愛對孩子的發展具有獨特的價值：

一、孩子智力發展的特殊催化劑

研究證實：父親較多地參與嬰兒的交往，將有助於提高嬰兒的認知技能、成就動機和自信心。還有研究指出，孩子在家裡和父親在一起的機會越多，時間越長，智力也就越發達。美國耶魯大學一項連續進行了 12 年的研究表明，從小由爸爸帶大的孩子智商高、精力旺盛、善交際、學習成績好。

二、幫助孩子形成積極的個性品質

母親在與孩子互動時，往往比較溫柔，活動強度較低，有過度保護的傾向，而父親往往跟孩子做一些活動量大的活動，如踢球、游泳、爬攀等活動，經常變換活動的內容和方式。專家們發現：由父母共同承擔養育責任的孩子，在面對新環境（如初次去托兒所）時的焦慮感較低。

三、提高孩子的交往能力

心理學家們發現，五個月大的嬰兒如果與父親有較多的接觸，當他被陌生人圍繞時會有較好的適應性。比起那些與父親接觸不多的嬰兒，他們更不怕生，對陌生人會有更多的動作回應，也比較願意讓陌生人抱。一項跟蹤研究指出，那些五歲時有父親陪伴、且受到父親照料的小孩，比五歲時就缺乏父愛的孩子，長大後更具同情心，有更好的社交關係。父親與孩子接觸越多，孩子的交往能力越強。

正因為父親教育的獨特價值，教育孩子，絕對不只是母親的事情，父親同樣承擔着巨大的責任。養不教，父之過，在教育孩子的問題上，父親絕不應該缺席。

怎樣做才是
一個好父親呢？

2012 年 6 月，我擔任青島市好父親頒獎典禮嘉賓的時候，請十位山東漢子用最簡練的語言說出什麼是好父親？結果，他們用「山」、「海」、「傘」、「燈塔」等回答了我。也就是說，這些獲獎者認為，

好父親要像山一樣意志堅強、像海一樣胸懷寬廣、像傘一樣為家人遮風避雨、像燈塔一樣為孩子指引成長的方向……

同年 10 月，我在新浪微博（http：//weibo.com/sunyunxiao）發表的一段教育感悟被上千博友轉發，其內容是：「父親的特殊使命是培養孩子的獨立性，因此，好父親應具備八個品質，並以此為孩子做出榜樣：一、認真負責；二、意志堅定；三、勇敢獨立；四、目光遠大，影響孩子做出積極的人生選擇；五、是非分明；六、胸懷寬廣，富有包容精神；七、勤勞自律；八、愛好運動，父親是孩子最好的教練。」

面對種種挑戰和壓力，許多有責任感的父母朋友希望得到一些具體建議。在這裡，我願意稍微展開說明一下，結合八位好父親的故事，來回答到底怎樣做才是一個好父親。

首先，好父親是認真負責、勇於擔當的。

一個人長大的標誌就是獨立，而獨立就意味着獨立承擔責任。曾經有位年輕的女記者問我為什麼強調父親的責任？我笑了笑反問道：如果您在談戀愛，知道這個男人沒有責任心，您會接受他嗎？那個姑娘馬上連連搖頭。

作為父親，自然要對家庭負責，這就包括對妻子對孩子和對長輩負責；作為從業者，要對工作負責；作為社會成員，要對社會負責等等。也許可以說，是否有責任心是評價父親的最重要標準。如果有責任心，父親自然會把教育孩子作為大事放在心上，千方百計關心孩子的健康成長。

1922 年 7 月 4 日美國國慶日前夕，一個 11 歲的美國男孩搞到了一些禁用的煙花炮竹，其中包括一種威力巨大的「魚雷」。

一天下午,他走近一座橋邊,朝橋邊的磚牆放了一個「魚雷」。一聲巨響,讓男孩神采飛揚。可就在這時,警察來了,把他帶到了警局。

警長儘管認識這個男孩以及他的父親,依然嚴肅地執行對煙火的禁令,判定男孩要交 14.5 美元的罰金。這在當時可算是一筆大錢。這個男孩自然交不起,只好由父親代交。

讓人感慨的是,這位名叫傑克的父親雖然沒說太多的話,卻讓 11 歲的兒子打工掙錢,一年內還清罰金。

後來,這個名叫列根的男孩成了美國的總統,他在回憶錄中寫到:「我做了許多零工活才還清了我欠爸爸的那筆罰金。」

孩子是在體驗中長大的,當孩子發生過失或者犯了錯誤時,父母不一定給孩子過多的口頭批評,而是讓孩子自己承受因行為過失或者錯誤直接造成的後果,使孩子在承受後果的同時感受到不愉快甚至是痛苦的心理懲罰,從而引起孩子的自我反省,自覺要彌補過失,糾正錯誤。這是法國教育家盧梭提出的一種教育方法,即自然後果法。盧梭說:「我們不能為了懲罰孩子而懲罰孩子,應當使他們覺得這些懲罰正是他們不良行為的自然後果。」顯然,列根的父親之所以如此嚴格,其目的是讓孩子從小懂得什麼叫責任,一個人一定要對自己的過失承擔責任。

第二,好父親是意志堅定、百折不撓的。

任何家庭都會遇到困難,任何一個孩子的成長都會碰到障礙,在各種挑戰面前,他們最需要父親的堅定意志。只有小學文化程度的新疆長途汽車司機陳有政師傅,就用實際行動證明了這一點。

作為長途汽車司機經常不在家，陳師傅創造了一種獨特的教育方式，利用寒暑假，帶着三個孩子跑長途。

有一年寒假大雪紛飛，他帶孩子們從烏魯木齊去伊犁，氣溫降到零下二十多度。他駕駛的老式大客車四處漏風，冷風夾着雪花從車縫裡鑽進來。他卻鼓勵孩子們：「別看天氣現在這麼冷，可是壞天氣過後就是好天氣。生活也是一樣，總有不順心的時候，重要的是堅定地走下去。」父親甚至還結合開車講人生的道理，如「在上坡時，車不能熄火，再困難也得咬着牙往前開。學習也是這個道理，當困難被克服之後，你會感到快樂無比」。

有一個冬夜，雪下了三十多公分厚。陳師傅的車出了毛病，他堅持一個多小時修車，眉毛鬍子都掛上了霜，手也被凍裂了口。母親和孩子們挑着燈陪在一邊，還唱父親最愛聽的歌來打氣。

父親堅毅不拔的好榜樣給孩子們極大的激勵。三個孩子不僅都讀到博士，而且讀研讀博期間，知道家庭生活困難，不要父母一分錢，靠自己打工和獎學金完成學業。

第三，好父親是勇敢獨立、不怕風險的。

俗話說，疾風知勁草。在面對困難和挫折的時候，是最考驗人的意志和智慧的。在孩子成長的關鍵時刻，同樣需要父親的鼎力相助。

2001 年 4 月的一天，北京市昌平縣陽坊鎮四家莊村，15 歲的初三學生趙博俊沮喪地把一個籃球扔到牆角，愁眉苦臉地對父親趙宏喜說：

「爸，一模成績下來了，我的成績不太理想，現在我面臨着考高中還是上中專的問題。」父親問兒子的打算，兒子低聲回答想讀中專。儘管母親不同意，但是父親支持了兒子，並且建議兒子學汽車修理專業。

　　趙博俊學習汽車修理很辛苦。一天，他 1.82 米的身高被某服裝公司看中，簽約當模特，幾次模特表演也很成功，收入也挺誘人。因此，他想改行做模特，卻被父親堅決拒絕，寧肯賠服裝公司 3000 元損失費，也要兒子退出。

結果，兒子迷途知返，苦心學習汽車修理技術，2005 年成為北京市汽車修理公司三廠的正式職工。在央視 2007 年和 2009 年兩次舉辦的《狀元 360》汽車維修工技能大賽中，均獲得第一名。

　　一個親戚碩士畢業後找不到工作，感慨地誇趙博俊的父親英明，說博俊的選擇和發展比學士、碩士都強。

　　第四，好父親是目光遠大、積極選擇的。

　　父親的眼光往往影響孩子的選擇。美國的一項研究表明，那些成為全國公認的大公司總裁或分公司總裁的婦女們，在某種程度上與她們的父親有着非常緊密的聯繫。

　　2006 年，深圳外國語學校高三女生檀馨，在高考模擬考試中成績排全年級第 36 名，獲得保送浙江大學或北京外國語大學等名校的資格。檀馨有意讀浙大的國際金融專業或北外的英語專業。

　　可是，父親檀士華卻認為，英語只是語言工具，能掌握和運用就行了，要她學一門實實在在的專業。雖然家人開始不解和反對，他仍堅持建議女兒學習高爾夫管理。理由是：與其和一百個人去競爭五個熱門職業，不如跟一個人競爭一個職位。況且，高爾夫運動是新興產業，十年後，中國的高爾夫運動將不會落後於美國。為了說服女兒，父親專門帶女兒去高爾夫球場體驗。

　　檀馨接受了父親的建議，以優異成績考取暨南大學深圳旅遊學院高爾夫專業。經過專業的學習和球場的汗水，她成為中國最年輕的高爾夫國際級裁判，也是中國高爾夫國際級裁判中唯一的在校學生，從

大三開始執裁重大賽事，自己賺取學費。

第五，好父親是是非分明、堅持原則的。

現代的兒童教育是自由與規則平衡的教育。早在孩子二歲至四歲階段，也是語言能力發展最快的階段，父母就需要敢於說「不」，即對孩子的不良言行給予拒絕和糾正，否則難以培養孩子的規則意識。在這個方面，父親負有特殊的責任。

新東方的董事長俞敏洪正是意識到父親和母親之間的責任差別，主動承擔起責任，有意識地從家規開始培養孩子的規則意識。

因為我平時工作太忙，兩個孩子都是我太太帶大的。我太太對待孩子原則性不太強，所以我們的兩個孩子做事的原則性也不是很強。比如，我在家的時候，會監督兩個孩子睡覺前要刷牙，而我不在家時，我太太就經常順著孩子的意思。我女兒比較自覺，每天刷完牙才睡覺，但我兒子比較調皮，如果沒人監督，他就不刷牙。

我太太看得不緊，發現兒子沒刷牙後也不堅持，她總是心疼孩子，覺得孩子困了，或者已經躺下了，一次不刷就算了。如果我在家，就會堅持讓兒子刷完牙再去睡，如果發現他沒刷牙，就算躺到床上了，我也要把他拉起來，讓他刷完牙再睡。因為我小時候，如果哪天早上起來不掃地，我母親就不讓我去上學，我必須要把地掃乾淨了。直到現在，我打掃衛生的水平也挺高的。所以說，孩子的好習慣是要在父母幫助下養成的。

我兒子小時候特別喜歡吃冰淇淋，甚至一度到了酷愛的程

度。為了幫他改掉這個壞習慣，我給兒子規定，每天只能吃一個冰淇淋，而且只能晚飯後半小時吃。

剛開始的時候，他忍不住。定好規矩的當天，剛吃完晚飯，兒子就不斷地看牆上的掛鐘，然後不停地跟我說：「爸爸，鐘，壞了。」「爸爸，鐘，不走了。」我說：「再等等看，會走的。」半個小時之內，兒子問了我十幾次「還沒到時間嗎」。看兒子焦急的樣子，也是蠻可憐的，但我還是忍住了，堅決不讓步，一定要到半小時以後才能吃。第二天，兒子看鐘的次數有所下降；第三天，看鐘的次數更少了。

時間久了，小孩子發現，這個問題爸爸是不會妥協的，他自然而然就不把太多的精力放在冰淇淋上了。現在，我兒子對冰淇淋已經不那麼熱衷了，這就是我堅持的結果。

規則的建立往往是先從家規開始，最初認同家裡的規矩，再循序漸進地認同社會規範。父親的引導，可以讓孩子更好地適應這個社會，避免青少年出現問題行為及暴力犯罪。

第六、好父親是胸懷寬廣、大度包容的。

我是在青島海邊長大的，最喜歡家鄉一首兒歌：「大海大海我問你，你為什麼這樣藍？大海唱着來回答，我的懷裡抱着天。」所以，我把胸懷寬廣視為好父親極為重要的特徵。尤其是面對青春期的孩子，沒有包容精神是難以對話溝通的。北京一位中學教師說得智慧：不要和青春期的孩子較勁。

17歲之前，張子昂一直是父母的驕傲，他是天津市外國語學校連

續多年的「三好學生」，多項非凡榮譽的獲得者。可是，2008年10月的一天，他突然對父母宣佈「再也不去上學了」！

各位父母都不難想像，一個臨近高考的孩子要逃學，這該有多麼令人焦慮。張子昂的父親是我的老朋友，天津教育出版社的資深編輯。沉默了一會，他望着犟牛一般的兒子平靜地說：「我和你媽媽儘管不知道你要逃學的原因，也不贊成你的逃學舉動，但你既然決定了，我們會尊重你的選擇。」從第二天開始，兒子果然不去上學了，父親也不去上班了，父子倆在家各忙各的，互不打擾。

原來，張子昂不久前去美國參加夏令營，看到美國學生自由自在的生活，回來後更加無法忍受學習壓力，就決心反抗，要徹底放鬆一下自己。逃學半個月後，父子倆開始在網上聊天，但父親問他逃學原因他不回答，父親問：「你逃學是為了尋找生活的意義嗎？」兒子這才發過來一個笑臉。逃學近一個月時的一次晚餐，兒子問父親：「期末考試就要開始了，你說我去不去？」父親請班主任與兒子通電話，說師生們都很想他，鼓勵他返回學校。

兒子終於復學了。他拚命學習要考出好成績。父親勸道：不必非考100分，能考90分就很優秀了。兒子落淚回答：「如果你早這樣說，我就不會逃學了。現在，我知道如何定位和朝哪個方向努力了。」結果，兒子自信地參加了美國的高考，並且接到威廉姆斯學院等六所大學的錄取通知，其中四所大學承諾給他全額獎學金。

第七，好父親是勤勞節儉、自律自制的。

對於任何一個孩子來說，是否能夠養成勤儉自制的習慣，都會深刻影響其一生的命運。當今中國，「富二代」已經成為一個備受關注的群體，而「富不過三代」則成為一個魔咒。我認為，「富不過三代」不是一個規律，而是教育的誤區，特別是父教的誤區。

洛克菲勒是世界上第一個擁有十億美元財富的超級富豪。他認為，富裕家庭的子女比普通人家的子女更容易受物質的誘惑，因此對後代的要求比普通人家更加嚴格，在金錢上從不放縱孩子。洛克菲勒對孩子的日常零用錢十分「吝嗇」，按年齡大小給零用錢，七八歲時每週三角，十一二歲時每週一元，十二歲以上者每週二元，每星期發放一次。他還給每個孩子發了一個小賬本，要他們記清每筆支出的用途，領錢時交他審查，錢賬清楚、用途正當的，下週還可遞增五分，反之則遞減。

下面就是洛克菲勒跟孩子約翰簽訂的《14 條零用錢備忘錄》：

1. 從 5 月 1 日起約翰的零用錢起始標準為每週一美元五十美分。

2. 每週末核對賬目，如果當週約翰的財政記錄讓父親滿意，下週的零用錢上浮十美分（最高零用錢金額可等於但不可超過每週二美元）。

3. 每週末核對賬目，如果當週約翰的財政記錄不合規定或無法讓父親滿意，下週的零用錢下調十美分。

4. 在任何一週，如果沒有可記錄的收入或支出，下週零用錢保持本週水平。

5. 每週末核對賬目，如果當週約翰的財政記錄合乎規定，但書寫和計算不能令爸爸滿意，下週的零用錢保持本週水平。

6. 爸爸是零用錢水平調節的唯一評判人。

7. 雙方同意至少 20% 的零用錢將用於公益事業。

8. 雙方同意至少 20% 的零用錢用於儲蓄。

9. 雙方同意每項支出都必須清楚、確切地被記錄。

10. 雙方同意在未經爸爸、媽媽或斯格爾思小姐（家庭教師）的同意下，約翰不可以購買商品，並向爸爸、媽媽要錢。

11. 雙方同意如果約翰需要購買零用錢使用範圍以外的商品時，約翰必須徵得爸爸、媽媽或斯格爾思小姐的同意。後者將給予約翰足夠的資金。找回零錢和標明商品價格、找零的收據必須在商品購買的當天晚上交給資金的給予方。

12. 雙方同意約翰不向任何家庭教師、爸爸的助手和他人要求墊付資金（車費除外）。

13. 對於約翰存進銀行賬戶的零用錢，其超過 20% 的部分（見細則第八款），爸爸將向約翰的賬戶補加同等數量的存款。

14. 以上零用錢公約細則將長期有效，直到簽字雙方同時決定修改其內容。

爸爸（簽字）

兒子（簽字）

零用錢不夠的話，孩子們可以通過做家務賺取，例如，捉到 100 隻蒼蠅能得一角，逮住一隻耗子得五分，背菜、垛柴、拔草又能得到若干獎勵。後來當選副總統的二兒子納爾遜和興辦新工業的三兒子勞倫斯，還主動要求合夥承包全家人的擦鞋業務，皮鞋每雙五分，長筒

靴一角。當他們十一二歲的時候還合夥養兔子賣給醫學研究所。

　　正是因為有了洛克菲勒這樣重視教育並且懂得教育的好父親，洛克菲勒家族打破了「富不過三代」的怪圈，不僅子子孫孫成才者眾多，而且讓社會大眾廣為受益。

　　第八，好父親是愛好運動、頑強不屈的。

　　我們在研究孩子問題時發現，男孩子最擅長的學習方式有四種，即運動、實驗操作、使用電腦和參與體驗。顯然，他們的需求是中小學遠遠沒有滿足的。今天的中小學生最需要補的課就是運動。實際上，運動絕不僅僅是強壯身體，更是強悍心靈。如北京師範大學體育運動學院院長毛振明教授所說，運動是青少年社會化的最佳途徑。

　　我欣慰地發現，許多父母正在覺醒，創造各種各樣的方法帶領孩子鍛煉，北京大學教授、原北大附中校長康健就是一個範例。

　　康健教授的兒子康康出生時才五斤多，從小有些柔弱，不愛運動。康健教授為其制定了健康第一、體育為主的家教方針。從兒子會走路到初中畢業，這十多年的時間裡，每天都帶孩子進行至少一小時的體育鍛煉，嚴格訓練，從未間斷。周圍許多父母都帶孩子去補習班和興趣班，提高學習成績，發展各種特長。康健教授不為所動，他認為，孩子最需要的就是體育鍛煉。

　　康康上小學高年級時，快放寒假了，學校裡有兩個訓練班可以選擇，一個是奧數班，一個是專業足球班。康康喜歡數學，也喜歡足球，但沒有勇氣參加專業足球班。康健教授還是鼓勵兒子參加了專業足球班。那個寒假讓康康至今難忘，因為那是他經歷的最艱苦的日子，每天從早晨到晚上，都進行高強度的訓練。從那以後，康康覺得自己真

正成為男子漢了。如今，康康成為身高 1.80 米的棒小夥子，學習工作都很優秀，並且已經成為一名父親。

由此可以看到，父親是孩子運動最好的榜樣，也是最好的教練。

以上八位好父親的故事是否會給父親們壓力呢？其實，誰也難以完全具備好父親的八種優良品質。我從來不敢説，我是一個好父親，而只能説，我會努力學做好父親。我甚至感覺到，自己經常被女兒教育，被許多年輕人教育，那種體驗很美妙。毫無疑問，以上八種優良品質是好父親的標準和方向，他們的成功經驗是值得借鑒和參考的。

我們會發現，父母別無選擇地要成為孩子的榜樣。孩子最早是從父親身上觀察和思考什麼是男人？什麼是丈夫？什麼是父親？從母親身上觀察和思考什麼是女人？什麼是妻子？什麼是母親？從父母身上觀察和思考什麼是愛情和婚姻？

值得注意的是，許多家庭有了孩子之後，夫妻關係遠遠讓位於親子關係，特別是父親的地位顯著下降。有些母親經常在孩子面前貶損丈夫「窩囊、沒本事」。對於孩子來説，父親的權威性就沒有了，榜樣就倒塌了。兒童的文化是模仿文化，學習是觀察學習。有教育意識的母親應該在孩子面前盡量維護父親的形象，引導孩子尊重父親。最好的家庭教育應當是父母聯盟。

由此引出一個重要原則：在家庭關係中，不宜把親子關係放在第一位，而應該是夫妻關係第一，親子關係第二。因為，夫妻關係的穩定最有利於孩子健康成長。在這方面，麻省理工學院中國總面試官蔡佩蓉女士做出了榜樣，她自己雖然事業很成功，卻總是稱讚老公是家裡的大英雄。夫妻關係第一，親子關係第二，就是她處理家庭關係的

基本原則。顯然，這是一個有胸懷有智慧的好母親。

我想忠告天下父親幾句話：再好的母親也不能代替父親，再好的父親也不能代替母親，父母攜手共育才是教子成功最可靠的保障。

客觀地說，今日中國，母親是家庭教育「最可愛的人」，是絕對的主力軍，父教的作用發揮的如何也往往取決於母親的態度。比如，本書最適合 18 歲以下孩子的父親閱讀，可能也要通過母親的努力才能到達父親的手上，而母親可能先睹為快。當然，母親讀本書也會開卷有益，讀了可以與父親交流。

必須聲明，我們對天下父親也充滿信心，因為我們絕對相信，父親也深深地愛着自己的孩子，深深地愛着自己的家庭。我們對父親敬贈一句忠告：做好父親的男人才是真正成熟的男人。

第一章

父親，意味着什麼？

1. 父教缺乏的嚴重後果

這幾年，都是父親角色引人關注的年份。

先是一句「我爸是李剛」，讓全國人民都知道了那個叫李剛的父親。他是河北省保定市某公安分局副局長。2010 年 10 月 16 日晚 9 點 40 分，他的兒子李啟銘酒後駕車送完女友後在河北大學校園內高速駕車撞倒兩位女生，被撞的兩個女生一死一傷。李啟銘被堵在校門口時，說出了那句讓億萬網友憤怒不已的話：「我爸是李剛。」

「我爸是李剛」迅速成了網絡流行語，網絡上發起了名為「『我爸是李剛』造句大賽」的活動。事後，在接受中央電視台採訪時，電視熒屏上的李剛，對兒子的行為向受害人及家屬聲淚俱下地表示誠懇道歉，不能自已；兒子也對自己的行為表示深深的懊悔，痛哭流涕。

一個副科級幹部如此暴得大名，就因為他是一位父親，就因為兒子的那句話。

接着是李雙江，這次人們關注他不是因為他雄渾的軍旅歌聲，而是他的兒子。2011 年 9 月 6 日晚 9 時許，李雙江的兒子——15 歲的李某駕駛着無牌照改裝寶馬在一個小區門口持續毆打一對夫婦，邊打

邊高聲叫囂「誰敢打 110」，最後在周圍群眾圍堵下被公安人員抓獲。

事後，李雙江到醫院探望被兒子打傷的夫婦，他表示：「我沒有教育好兒子，我對不起你們夫婦，我寧願你們用棍子把我打一頓。」他向受傷夫婦深深鞠躬致歉。

2012 年春節剛過沒幾天，就曝出張默吸毒事件，這件事情之所以如此引人關注，是因為張默那個叫張國立的名人老爸。

……

父親是一個稱謂，我們生活中的男人，最終大多數會成為一名父親。

父親這個稱謂，它意味着什麼呢？

我們每一個人，都生活在父親的巨大影響裡，這種影響往往超越生死，超越時間與空間。美國總統奧巴馬在自傳《無畏的希望》中曾這樣寫道：「人不是完其父願，就是繕其父過。」心理學家格爾迪説過，「父親的出現是一種獨特的存在，對培養孩子有一種特別的力量」。

香港作家梁鳳儀説：「恐懼時，父親是一塊踏腳的石；黑暗時，父親是一盞照明的燈；枯竭時，父親是一灣生命之水；努力時，父親是精神上的支柱；成功時，父親又是鼓勵和警鐘。」

父親好像生命中每時每刻都無法缺失的氧氣，在正常條件下，我們好像覺察不到他的存在，但在缺失時，就顯得尤為重要。

父教缺乏的孩子
長大以後更容易違法犯罪

請看一個來自動物世界的警示：溫順大象為何變得異常殘暴？

在人們的印象中，大象是一種非常溫順的動物，雖然體形龐大，卻極少主動攻擊其它動物。但是在南非西北部的國家公園裡，管理人員卻發現了一個反常的現象：年幼的雄象變得越來越富有攻擊性，即使在沒有受到任何挑釁的情況下，它們也會兇狠地攻擊附近的白犀牛，把它擊倒在地，殘忍地用腳踩踏致其死亡。

這種行為讓公園的管理人員百思不得其解，因為大象的這種行為極其少見，違反了大象溫順的秉性。

最終，公園管理人員找到了答案。原來為了維護公園的生態平衡，

政府採取了獵殺成年公象的做法，這就導致了一個結果：相當多的小象在小時候都淪為孤兒。而成年公象的存在對幼象的成長非常重要，因為成年公象會管教這些幼象，並為它們與其它動物和平共處提供榜樣。在失去這種榜樣和管教以後，年幼公象本能的攻擊性就毫無節制地釋放出來，並在象群中逐漸蔓延滋長。

　　這個現象給予我們一個重要啟示：早期監督和紀律管束的缺乏往往會導致暴力性的行為，甚至會帶來災難性的後果，無論對成長中的幼象還是成長中的孩子來說都是如此。可能正因為這個原因，美國著名婚姻與子女教育專家約瑟・麥道衛才如此斷言：「缺乏父愛的男孩會成為危險男人。」

　　當然，大象雖然智商很高，但畢竟不同於人類，用大象的行為來簡單地推測人類的行為存在一些問題。下面，我們就用一些最近幾年發生的真正社會案例，幫助讀者朋友瞭解父教缺乏與孩子違法犯罪之間的內在緊密聯繫。

◤ 潑熊的清華大學生——
　一個從小就缺失父愛父教的孩子

　　2002 年 2 月 23 日下午 1 點 10 分，在北京動物園的熊山，兩隻黑熊突然口吐白沫，倒在地上，來回翻滾，口中發出「嗷嗷」的慘叫。同時，水泥地上冒起一股股白煙。圍觀的人群一陣騷動，一名手拎食品袋、戴著眼鏡的男青年急匆匆地擠出人群向熊山外溜去。在附近巡邏的動

物園派出所民警、工作人員和在場群眾的圍追堵截下，這名男青年被抓獲，帶回了派出所。

肇事者的身份很快就被弄清，讓人難以置信的是：他是清華大學電機系大四學生劉海洋。更讓人感到匪夷所思的是，被問到為什麼用硫酸潑熊時，劉海洋說：「我曾經從書中看到過熊的嗅覺敏感，分辨東西能力特別強。但人們又總說『笨狗熊』，所以我就想驗證一下狗熊到底笨不笨。」

據劉海洋交代，2002 年 1 月 29 日，他就曾用摻有火鹼的飲料倒向正在與遊客戲耍的黑熊。在看到黑熊被燒得滿地打滾、嗷嗷亂叫以後，他僥倖逃脫。但這次並沒有讓劉海洋感到滿足，他用硫酸進行了又一次的「實驗」。

劉海洋兩次「實驗」的惡果是：北京動物園先後有三隻黑熊、一隻馬熊和一隻棕熊受到了火鹼或硫酸的殘害，有的嘴被燒壞，進食困難，有的四肢被燒，無法行走，有的前胸、背部、臀部被燒壞，失去了正常生活的能力。據動物園的工作人員介紹，其中一隻動物園裡最好的公種黑熊傷勢最重，已被硫酸燒得雙目失明，舌面整個被灼傷，黏膜脫落，口腔及上顎被燒壞，而且喉部和氣管也都有可能被燒燬……

案發後，劉海洋被清華大學給予留校察看的處分。2003 年，北京西城區檢察院以涉嫌故意毀壞財物罪對劉海洋提起公訴。

傷熊事件在社會上引起軒然大波，媒體和社會各界展開了大討論。我們特別注意了這樣一個事實：劉海洋生活在單親家庭中，從小由媽

媽一手養大，父親在他的生活中完全徹底地缺失了。

在看守所裡，劉海洋說，在他出生不久父母就離婚了，他除了知道父親姓劉，其他一概不知。劉海洋的媽媽李女士在接受採訪時說：「劉海洋出生 56 天後，我和他爸就分居了，但一直到劉海洋三歲時才辦了離婚手續。二十年來，雖然和他近在咫尺，但我們沒有一分錢、一句話的來往。」

這麼多年，劉海洋從來沒花過父親一分錢的撫養費，他媽不要，她說：「既然他不愛孩子，我就不要他的錢。孩子我自己養。」媽媽還跟他說：「你沒有爸爸，不要和別人打架。」劉海洋很聽話，從小學到大學，從來沒和別人打過架。

事實上，正是由於缺少父親的保護，劉海洋幾乎從不和別人發生爭吵，更別說打架了，這已經成為他生活中潛移默化的處世準則。

在接受採訪時，李女士也若有所悟，幾次提到劉海洋因為生活在單親家庭中，所以自己在教育上力不從心，致使劉海洋在成長的過程中有所缺失。「這孩子在膽量、勇氣上都不夠剛強，可能與沒有父親在身邊是有一定關係的。」

父愛父教缺失，劉海洋成了沒有長大的孩子。

在我們的眼裡，正是由於父親的缺席，缺乏父親這個走向外部世界的媒介，劉海洋缺乏與外界的交流，導致劉海洋一直沒有脫離媽媽的懷抱，事實上他是一個遠沒有長大成熟的孩子。

北京市青少年法律與心理諮詢中心的宗春山主任在針對此事接受採訪時也認為，父愛對於一個男孩子的成長至關重要，父親的嚴厲實際上培養了孩子對權威、對法律的認可，而單親家庭中缺失了這部分

教育內容後，長大成人的孩子實際就會在行動中缺乏對法律和權威的認同，更不願意接受相應的約束。

孩子犯罪，
父親更容易成為指責的對象

馬家爵因殺人被逮捕入獄以後，是他的父親馬建夫代替他挨個向受害者父母下跪，到受害者的墳前下跪。藥家鑫交通肇事殺人，人們立馬人肉搜索的是他的父親藥慶衛。李某因無照駕駛及毆打他人而被刑拘時，跑到醫院裡向受害者鞠躬致歉的是其父李雙江。李啟銘駕車肇事致人死亡以後，老淚縱橫在中央電視台向全國人民道歉的是其父親李剛。

「養不教，父之過」，孩子犯罪以後，首先遭到社會譴責的往往是孩子的父親，而不是孩子的母親，社會更多地把孩子的過錯歸結於父親缺乏管教或管教失敗。

不但社會大眾如此認為，孩子也往往這樣認為。犯罪以後，孩子往往會把自己的犯罪行為歸因於父親，而不是母親，他們往往認為正是父親沒有盡到教養責任才導致自己的犯罪。這一點，從母親和父親們受到極其不同的對待上看得格外分明。

有一年，在母親節來臨之際，美國有一家賀卡公司舉辦了這樣一場活動：在一所監獄裡擺放了一張桌子，在監獄服刑的囚犯只要願意，就可以免費獲得一張母親節賀卡。結果遠遠超過預

期，桌子前排起了長隊，母親節賀卡遠遠不夠，賀卡公司不得不派人回去取賀卡。受此鼓勵，父親節到來時，賀卡公司決定再搞一次同樣的活動──免費提供父親節賀卡，結果，這一次卻沒有一個人來領賀卡。

弗洛伊德曾說：「孩子眼中的父親是集法律、約束力、威嚴、權力於一身的超人。」父親在孩子眼裡往往是社會秩序和紀律的象徵，孩子對父親是既敬又怕的心理，並且在此心理上模仿父親，認識社會道德規範。父親是孩子由家庭通向世界的橋樑，是規則之源。美國著名教育專家杜布森博士曾有一句名言：「讓一個男孩和一個合適的男人在一起，這個男孩永遠不會走上邪路。」

青春期是孩子由家庭向社會過渡的時期，是一個叛逆激蕩的時期，也是一個問題行為的高發期。孩子小的時候沒有教育好，問題往往延遲至青春期爆發。沒有一個好的負責任的父親陪伴在身邊，沒有一個好的父親指引他們如何應對外面的世界，青少年就容易感到迷茫、混亂，人生就會有可能誤入錯誤的軌道，違法犯罪就是其中最為極端的表現。

2. 父親是兒子的橋樑與榜樣

　　作家賈平凹曾這樣論述男人：「作為男人的一生，是兒子也是父親。」

　　一位痛苦不堪的父親曾這樣訴說他的不幸：「我的前半生被父親毀了，後半生被兒子毀了。」

　　兒子不是生活在父親的陽光中，就是生活在父親的陰影中。父親對男孩的影響是多方面的：父親是男孩通往男子漢的橋樑，是兒子的力量之源、規則之源、自制力之源。

父親是
男孩通往男子漢的橋樑

　　當代社會一個非常值得警惕的現象就是男孩陽剛氣質的日漸喪失。

　　韓寒：「超女選出一個男的，好男兒選出一個女的。」

　　鄭淵潔：「現在的男人越來越像女人，女人只好揭竿而起，越來

越像男人。」

我們在寫作《男孩危機?!》一書時,揭示了一些非常令人憂慮的現象:「男孩不男」、「男孩女性化」。

上海市一位小學四年級女孩這樣評價男孩[1]:

我覺得我們學校有些男生很討厭,沒有男子漢氣概,在學校裡總是裝出一副纖纖細嬌的樣子,說話有那麼一點娘娘腔,還很貪吃,吃得跟個小肥豬似的。也有些男生像我們女生一樣,嘴裡經常嚼着話梅,做起事情來扭扭捏捏,還不如我們女生。他們說起話來陰陽怪氣、走路搖搖擺擺、頭上摩絲油亮,讓人一看就難受。更讓人看不慣的是他們還在老師和同學面前撒嬌,比女生還女生。

男孩不男,男孩女性化,其實反映的都是現在男孩陽剛氣質的衰落與喪失,原因何在?我們發現了一個重要原因,那就是父教的缺失。父教缺失使男孩在成長過程中缺少一個健康的男性榜樣,從而使得一些不健康的男性榜樣乘虛而入。

美國父親角色研究的專家羅斯·派克認為[2]:由於父親往往以更加鮮明的、更加差異化的方式與孩子互動,父親在孩子的性別角色發展中比母親起着更為關鍵的作用。父親塑造了一個男子漢的形象,父親也是兒子最重要的榜樣形象。父親提供一種男性的基本模式,男孩通

---

[1] 丁鋼主編:《中國教育:研究與評論》[M],教育科學出版社,2004。
[2] 羅斯·派克:《父親的角色》[M],遼海出版社,2000。

過觀察與模仿，學習男人如何待人接物，如何處理問題。

　　不管是心理學、社會學的理論，還是實證研究都證實，父親在男孩性別發展中具有重要作用。弗洛伊德認為：男孩在發展過程中會有意無意地模仿父親的角色和行為，從而形成具有鮮明性別特徵的行為。社會學習理論則強調榜樣的作用，認為父親為孩子提供了一種男性的榜樣和行為模式，男孩往往把父親看作為未來發展的模型而去模仿父親。研究證實：如果父親在家中是果斷的、具有支配性的，男孩往往表現出高度的男性化；如果父親在家裡是軟弱而母親具有支配性，男孩會表現出更多的女性化特徵。

　　心理學家麥克·閔尼的研究結果指出：與那些一星期內接觸父親不到六小時的男孩相比，每天與父親接觸不少於二小時的男孩，更有男子漢氣質，他們所從事的活動更開放，更具有進取精神，也更願意去冒險。還有研究證實 ①，男孩在四歲前失去父親，會使他們失去雄心和攻擊性，在性別角色中傾向於女性化，往往喜歡那些非軀體對抗性、非競賽性的女性化活動。

　　男性研究專家戴維·斯杜和斯坦芬·阿特伯恩在《憤怒的男人》中寫道：「經驗告訴我們，今天最快樂、對自己性別角色最滿意的男性，是有父親在他們生命中傾注了大量時間和心血的男人。」

---

① 莫建秀：《學前兒童母親教育素質及其開發研究》[D]，華東師範大學碩士論文，2007。

父親是
兒子的「膽」

　　為什麼現在的許多男孩膽小怕事、唯唯諾諾、遇事退縮，甚至被女孩欺負得滿校園跑？這些現象的發生跟父親沒有正常發揮作用緊密相關，心理學大師弗洛伊德說過：「我想像不出還有什麼比父親的保護更讓一個孩子的渴求那麼強烈。」

　　在青春期以前，缺少父親保護的男孩往往會膽小怕事。這種聯繫在用硫酸潑熊的劉海洋身上都有很鮮明的體現，我（孫雲曉）曾把這種關係用「父教缺失的男孩一輩子都會缺鈣」這樣一句話進行概括。這一點在劉海洋身上表現得非常明顯。缺少父親使他外表文弱，內心也軟弱，從小就經常受欺負，時時處處忍讓，這已經慢慢成為他生活中潛移默化的處世準則。劉海洋用硫酸潑熊被抓之後，他媽媽也承認：「這孩子在膽量、勇氣上都不夠剛強，可能與沒有父親在身邊有一定關係。」

　　從反面來看，李雙江的兒子之所以如此目無法紀，可能就是因為他有個地位和名聲顯赫的父親。有些孩子之所以退縮，膽小怕事，抗挫折力差，往往跟父教的不足有關，因為父親往往代表着外在的世界、冒險的世界，缺少父親的指導，男孩往往沒有膽量去探索未知的世界。

　　作家肖復興這樣比喻父親：「一個父親就是一條船，載孩子駛入廣闊的世界。」父教健全的男孩往往敢闖敢幹，遇到挫折仍然勇往直前，父親已經轉化為他前行的巨大動力。

父親是
兒子的教練和顧問

小學以前，父親在兒子的心目中往往是近乎英雄或神的形象，父親無所不知，無所不能，而到了青春期，父親的英雄形象往往會逐漸淡化。美國著名作家馬克·吐溫曾寫道：「14歲的時候，我覺得自己的父親如此無知，以至於我很難和他相處。可是，等我長到21歲，我吃驚地發現，老爸居然知道那麼多東西。」

在青春期以及真正成熟之前的相當長一段時間內，對於男孩是一個四肢發達、頭腦衝動的階段，他們人高馬大，身高可能已經超過父親，肌肉塊正日漸隆起，體內澎湃着雄性激素，頭腦中有太多的想法以及強烈的獨立自主的衝動，希望「在我的地盤聽我的」，把叛逆當成口頭禪。從青春期開始到真正成熟之前的這段時間，是男孩一生當中最容易出問題的階段，也是父親作用最為重要的時期之一。所以，犯罪心理學家李玫瑾教授認為，對於12歲至18歲的孩子，父親的教育最重要。這個時期的男孩，特別需要一位態度堅定、要求嚴格的父親的管教與激勵。他需要一位教練，幫他鍛煉強壯渾身的肌肉，並引導他如何控制自己的肌肉力量，而這位最好的教練即是他的父親。這時期男孩的頭腦中有太多的想法、太多的選擇，他會暫時性地分不清東南西北，找不到自己，經常性犯錯甚至行為出軌，所以他需要一位顧問的指引，而這位最好的顧問正是他的父親。

這是一個父子相互較勁的時期，兒子會有意無意地挑戰父親的權威，跟父親較勁。在這段時間，明智的父親會選擇不離不棄地站在兒子身邊，耐心地指導他，等待他的成熟。在與父親較勁的過程中，兒

子的力量會穩定地增長，更重要的是，通過父親的資訊反饋，他慢慢學會如何掌控自己的力量，並把這種力量導向對自己和社會有益的方向，而不是暴力與犯罪。

下面這對父子就是極好的證明：一個從小就和爸爸作對、較勁，不想成為父親的兒子長大後說：「我突然有一天發現，我變得越來越像我爸爸。」

從小到大，這位兒子很怕父親。父親對他要求很嚴格：要求兒子用冷水洗臉，要求他背誦《論語》、《詩經》，這讓年幼的兒子有着強烈的牴觸情緒，他時不時會「密謀造反」，又最終因「力量懸殊」而偃旗息鼓。

兒子就這樣熬到高中畢業，以為這下可以自由翱翔了。他自小有個理想：當導演拍電影，故打算報考北京電影學院。當時報考北影需要專業文藝團體的推薦，他便向在中央電視台工作的父親求助，沒想到卻被父親拒絕了：「你沒有一點閱歷，就算考上了導演系，又能怎麼樣啊？」父親認為高中畢業就考導演系，只不過學些電影 ABC 之類的東西，沒有一點生活感受，不但拍不出什麼好電影，還會學出一身自高自大的毛病。父親還找來單位新分配來的年輕女導演來考兒子，結果兒子在毫無準備的情況下，面紅耳赤，奪路而逃。最後，父親「獨斷專行」，以「年輕人要多吃苦」為理由，自作主張地在他的志願表上填了軍校。這個兒子真是恨死父親了。為此，他跟父親大吵了一架。

本科畢業兩年後，覺得自己羽翼漸豐的兒子便想挑戰父親的「權

威」，他下定決心報考北影導演系的研究生，並破釜沉舟似的準備了起來。父親知道後既沒有表示反對，也沒有表示支持，更沒有動用關係為兒子「鋪路架橋」。當父親的老友、北影導演系系主任主動打電話問他怎麼不給他打招呼時，他竟說：「我兒子如果不行，你能照顧嗎？我兒子如果行，還用你照顧嗎？」「冷酷」的父親拒不援手，兒子只得更用功了，他憋着一口氣，一定要證明給父親看，最終以總分排名第一的成績被錄取。

　　畢業以後，兒子成為北京電影製片廠的專業導演。因為是新人，整整三年時間沒有導演一部戲。那時候的他整天無所事事，常常坐在街頭，看着夕陽發呆。而當時他的父親，已經寫出了《蒼天在上》、《大雪無痕》等頗具影響的劇本。兒子很希望父親也能為他寫一部劇本，再利用他的影響力為他尋找投資者。兒子委婉地暗示過，但每次父親都這樣告訴兒子：「你是個男人，自己的事情自己解決。」想到別人的父親總是想方設法為子女牽線搭橋，而父親卻對自己的事業不聞不問，他心裡有種難以言說的滋味。

　　2001 年，兒子的事業終於迎來轉機，他導演的電影《尋槍》榮獲國內外十多項大獎。兒子滿心以為父親會表揚他幾句，誰知，父親只是淡淡地說「還行」。兒子回敬了父親一句，「在你眼裡，我永遠成不了氣候」。他們吵了起來，很長時間誰也不搭理誰。

　　2004 年，兒子拍了《可可西里》，父親看完以後，對兒子說：「別管別人說什麼，怎麼說；小子，你肯定行了。」

　　同年，父子倆都因一位摯愛親人的去世而感到悲痛，看到父親為失去親人而痛苦不堪時，兒子打來熱水為頭髮散亂的父親洗頭髮。這一舉動讓蒼老的父親老淚縱橫：「孩子，從小到大爸爸對你很嚴厲，你也許覺得爸爸很冷酷，但爸爸從來都把你的每一步成長放在心裡。溺愛與縱容孩子，是一個父親最大的失職。」

　　2006 年，他父親在接受記者採訪時談了對韓寒與白樺關於 80 後之爭的看法，並把這篇訪談貼到自己的博客上。料想不到的是，此後幾天，有五六百人在他的博客上對他進行謾罵與人身攻擊。這位父親禁不住老淚縱橫，茶飯不思。看到父親如此痛苦，兒子坐不住了。他在

自己的博客上發表了文章《關於那場爭論》:「我的父親,他用一生為這個國家作出了貢獻。對於這樣的老人,我很想問一句那些滿嘴噴糞的人,你們沒有父母嗎?」

2009 年,兒子嘔心瀝血之作《南京!南京!》舉行首映式,記者連線遠在異地養病的父親。在熒幕上,父親嘴唇哆嗦,老淚縱橫,幾度哽咽難語:「孩子,四年來你受的苦,我和你媽都看在眼裡。」兒子有太多的話想對父親訴說,可又不知從何說起,只是向父親深深地鞠了一躬,眼裡噙滿了淚花。

這個兒子是誰?這個老爸又是誰呢?

相信讀者們已經猜出來了。兒子的名字叫陸川,是當代著名的青年新銳導演,他的代表作有《尋槍》、《可可西里》,還有《南京!南京!》。這個老爸也大名鼎鼎,名字叫陸天明,他的代表作《大雪無痕》、《省委書記》、《蒼天在上》等反腐題材作品,幾乎家喻戶曉。

這讓我們想起了大仲馬和小仲馬父子倆,兒子小仲馬的《茶花女》初演引起轟動,他發電報給父親:「爸爸,我取得了巨大的成功!」爸爸大仲馬風趣地回答:「我最好的作品就是你,我親愛的孩子!」

父親是
男孩「自制力」之源

在撰寫《男孩危機?!》一書的過程中,我們發現男孩比女孩更容易網絡成癮。2008 年,中國青少年網絡協會發佈的《中國青少年網癮

數據報告（2007）》指出：男性青少年比女性青少年更易於沉溺網絡。男性青少年上網成癮比例為 13.29%，女性為 6.11%。2009 年，中國青少年網絡協會發佈的《中國小學生互聯網使用行為調研報告》指出，在小學階段，男孩上網成癮的比例（9.5%）明顯高於女孩（4.6%）。

在網絡成癮的眾多原因之中，有一個重要原因就是父教缺失。統計表明[1]：網絡成癮患者中，95% 是缺少父愛的男性青少年。對於父愛缺失與男孩網絡成癮的關係，著名網絡成癮研究專家、北京軍區總醫院成癮醫學科科主任陶然給予了這樣的解釋：因為男孩子在五歲以後就對父親產生依賴和崇拜，父親代表了權威、規則和精神動力，一旦此時的父親忙於工作，疏於與兒子進行思想溝通，那麼孩子轉而就會迷戀上了網絡世界。這種解釋合情合理：如果父親沒有幫助兒子走向真實的外部世界，他就有可能走進虛幻的外部世界——網絡世界。

不管網癮還是其他各種形式的成癮行為，它們其實都跟孩子自制力缺乏有關。自制力，即自我控制的能力，在心理學上還有一個同義詞，即「延遲滿足」，即為了追求更大的目標，暫時克制自己的慾望，放棄眼前誘惑的一種人格特質。美國研究者所進行的多項研究表明[2]：父親離家的男孩不大可能延遲滿足。當研究人員詢問一些男孩，眼前有兩種選擇，一是現在吃，可以立即得到一小塊糖，如果等幾天後再吃，可以等到一大塊糖，結果發現，父教缺失的男孩更可能要那些小塊糖，以求得立即的滿足。

① 趙新培：《九成以上網癮患者缺少父愛》[N]，《北京青年報》，2008/11/09。
② 羅斯·派克：《父親的角色》[M]，遼海出版社，2000。

延遲滿足是人生當中的一項重要能力。上個世紀 60 年代，美國史丹福大學心理學教授沃爾特・米歇爾設計了一個著名的關於「延遲滿足」的實驗[①]，這個實驗是在史丹福大學校園裡的一所幼兒園開始的。研究人員找來數十名兒童，讓他們每個人單獨待在一個只有一張桌子和一把椅子的小房間裡，桌子上的托盤裡有這些兒童愛吃的東西——棉花糖、曲奇或是餅乾棒。研究人員告訴他們可以馬上吃掉一顆棉花糖，或者等研究人員回來時再吃，這時他們可以再得到一顆棉花糖作為獎勵。他們可以按響桌子上的鈴，研究人員聽到鈴聲會馬上返回。對這些孩子們來說，實驗的過程頗為難熬。有的孩子為了不去看那誘惑人的棉花糖而搗住眼睛或是背轉身體，還有一些孩子開始做一些小動作——踢桌子，拉自己的辮子，有的甚至用手去打棉花糖。結果，大多數的孩子堅持不到三分鐘就放棄了。「一些孩子甚至沒有按鈴就直接把糖吃掉了，另一些則盯着桌上的棉花糖，半分鐘後按了鈴」。大約三分之一的孩子成功延遲了自己對棉花糖的慾望，他們等到研究人員回來兌現了獎勵，差不多有 15 分鐘的時間。

　　心理學家米歇爾對這些兒童進行了數十年的追蹤研究，從 1981 年開始，米歇爾逐一聯繫現今已是高中生的 653 名參加者，給他們的父母、教師發去調查問卷，針對這些孩子的學習成績、處理問題的能力以及與同學的關係等方面提問。結果發現，當年那些不能延遲滿足的孩子無論在家裡還是在學校，都更容易出現行為上的問題，學業成

---

① 內容來源：http://baike.baidu.com/view/368968.htm。

績分數也較低，他們通常難以面對壓力、注意力不集中而且很難維持與他人的友誼。那些可以等上 15 分鐘再吃糖的能「延遲滿足」的孩子在學習成績上比那些馬上吃糖的孩子平均高出 210 分。追蹤這批孩子到 35 歲時，他們發現：當年不能等待的人成年後有更高的體重指數並更容易有吸毒方面的問題。

中國孩子的延遲滿足又怎麼樣呢？一項有關中澳兒童延遲滿足能力的對比研究給我們敲響了警鐘，2004 年在北京召開的第 28 屆國際心理學大會上，澳洲專家莫尼卡·屈斯克利博士報告了他們的一個關於兒童自制力的實驗[①]：

孩子們面前有兩盤巧克力，一盤多一盤少，只要能多忍耐 15 分鐘，就可以吃到多的那盤，反之則只能得到少的那盤。這項延續了七年之久的跨文化實驗結果是，在參加該實驗的近百名三至四歲的中國兒童中，超過 80% 的兒童只忍耐了幾分鐘就按鈴呼喚實驗人員要求得到巧克力，而 66% 的澳洲孩子都得到了多的那盤。這意味着：中國孩子的自制力不容樂觀。

[①] 周莉：《心理學界的奧林匹克盛會》[N/OL]. [2004-08-27]. http：//www.jyb.cn/gb/2004/08/27/zy/8-zb/1.htm。

3. 父親是女兒的依戀與動力

父親對男孩很重要，其實對女孩也同樣不可或缺，父教在女孩的成長過程中發揮着既獨特又不可替代的作用。作家劉醒龍把女兒看作父親前世種下的玫瑰，妻子是丈夫今世的情人，女兒則是父親前世的情人。

一位好父親，對女兒意味着很多很多⋯⋯

▌父親，
女兒內心深處的渴望

再好的媽媽也難以替代爸爸，這種理解，我（孫雲曉）在寫作報告文學《孫佳星的故事》和《在媽媽的新婚之夜裡》中就已經產生了。透過一個叫孫佳星的小女孩的眼睛，我們看到了一個孩子對爸爸的渴望：

那是 1987 年春節，中國少年兒童活動中心舉行「童星閃閃立志成

才」聯歡會。身穿白色紗裙的孫佳星，被一片真誠的掌聲送上了台。她身材細長，像個體操運動員。眼睛大而亮，臉蛋微紅，卻沒有笑的神采。

她唱道：

落雨不怕

落雪也不怕

就算寒冷大風雪落下

能夠見到他

可以日日見到他

如何大風雪也不怕

我要找我爸爸

去到哪裡也要找我爸爸

……

整個大廳裡，剎那間，瀰漫起風雪交加般的悲涼氣氛。她像站在白茫茫的曠野裡，淒然地呼喊着「爸爸……」

我不很懂音樂，但我相信，孫佳星的演唱絕不僅僅靠技巧，更重要的是靠了摯切的情感。爸爸！爸爸！爸爸！！任何一位父親聽到這樣的呼喊，心都會碎的。剛剛十歲的小歌手，哪來如此深刻的體驗和表現呢？一種不祥的感覺浮上我的心頭，莫非她……我不敢想下去了。

人的直覺是個神秘的世界。有時候，它的準確度是相當驚人的。我相信直覺。現在，這個不祥的直覺像一把重錘，猛擊在我的心上，使我渾身震顫起來。果然，有位知情人士向我證實了這個悲劇：孫佳星三歲的時候，就失去了爸爸！

......

　　一天（父母剛離婚後幾天）晚飯後，媽媽帶女兒上街散步。女兒問：「爸爸呢？」「到很遠很遠的地方去了。」媽媽回答。

......

　　四歲半的時候，媽媽送她報考中央音樂學院附屬小學。她才拉上一支曲子，主考老師就滿意地笑了，問她名字，她驕傲地回答：

　　「孫佳星。」

　　老師又問：

　　「你爸爸是幹什麼的？」

　　她怔了怔，很快低下了頭。這一切，都被媽媽從房門的鑰匙孔裡看到了。她的腦子轟的一下，因為她從未正面對孩子解釋過這件事，又忘了事先向老師說明，現在讓一個不懂事的孩子怎麼當眾開口呢？

　　忽然，孫佳星抬起了頭，回答說：

　　「我爸爸到別人家看別人的孩子去了。」

　　主考老師望着孫佳星含淚的眼睛，立即鄭重地點了點頭，告訴她已被錄取，並熱情地把她送出考場。

　　媽媽急不可待地迎上去抱住女兒，一邊吻她，一邊誇她：「好女兒，回答得真對！」但她不敢問，女兒為什麼這樣回答。佳星的爸爸早已再次結婚，並且又有了孩子，這是事實。可這些事，女兒是怎麼知道的呢？

　　她始終感到是個謎。

......

　　孫佳星真高興，她上學了！

穿着媽媽早給她準備好的花裙子，背着雙背式書包，走進歡樂的校園。她喜歡唱歌，一有機會，總是大大方方地為同學們唱。老師誇她是「小百靈」呢。可是，憂傷的事兒也像影子一樣跟着她。那天，老師不在教室裡，一些同學擠眉弄眼地互相傳話。孫佳星本是個愛湊熱鬧的孩子，也想加進去傳話，可大家神秘地不理她。一會兒，乾脆一塊兒大聲喊道：

「孫─佳─星，沒─爸─爸！」

那麼多天真可愛的面孔，一下子變得冷酷無情，這一切只不過出於無知或好奇（雙親俱全的孩子，永遠無法理解失去爸爸或媽媽的痛苦滋味）。然而，對於一年級小學生孫佳星來說，這好比一把捅心窩的刀子！她哇的一聲大哭起來，接着就淚流滿面地往家跑。

一進家門，她就撲進媽媽懷裡，哭着鬧着「要爸爸」。媽媽聽了心酸極了，母女倆抱頭痛哭。

......

十歲時，太平洋影音公司特邀孫佳星速赴廣州，為52集動畫片《星仔走天涯》演唱主題歌，並錄製磁帶。

孫佳星在媽媽陪伴下如期抵達。

可是，當孫佳星接過歌片一看。竟哭了起來，她把歌片扔在地上，拒絕演唱。

在場的工作人員全都驚呆了。

這部被廣東人稱為《星仔走天涯》的動畫片，也叫《咪咪流浪記》，它的主題歌是《找爸爸》。一聽這歌名，孫佳星媽媽的心也被刺痛了。事先，母女倆對這部動畫片都不瞭解，因此，毫無思想準備。

導演知道內情後，連連道歉。但是，孫佳星仍然哭個不停，態度絲毫未變：

「我不唱這首歌，不唱，不唱！」

整整七年了，就因為沒有爸爸，我遭受了多少欺侮啊！沒有爸爸，難道是我的罪過？哪個孩子不希望父母雙全？我恨我的爸爸，他不是我的爸爸！現在，讓我唱《找爸爸》，哼！孫佳星憤憤不平地想着。

……

有了爸爸，孫佳星才有了真正幸福快樂的童年。

孫佳星十一歲時，媽媽再婚了，她有了「新」爸爸，她這樣描述爸爸的由來：

「他的確是媽媽和我的好朋友。下雨天，屋子漏了，他來幫着補；天冷了，他幫着安裝爐子。我想，有這麼個爸爸多好啊！有一天，媽媽過生日，來了很多朋友吃飯。我指着那位叔叔對媽媽說：『媽媽，讓他當我爸爸吧。』媽媽聽了臉色都變了，趕忙把我拉到一邊，樣子很可怕地對我說：『這種事兒可不能到處亂說啊！』可後來，媽媽還是聽了我的主意。」

就孫佳星的內心世界而言，在多年失去父愛之後，她渴求父愛的情感復活了，並且日漸強烈起來。她對我說：

「爸爸對我一直很好。那時，他還不是我爸爸呢，聽說有些男孩子欺負我，就騎着車子來接我回家。他又高又壯，穿黑色的皮衣皮褲，戴着墨鏡，問誰欺負過孫佳星？那些男孩子嚇得一個個全變成縮頭烏龜。」

「下午，我上課的時候，他們紛紛問我：『你怎麼找來個黑衣俠客？

真嚇人！』」

　……

　　自從佳星宣佈叫爸爸那一天起，她真的跟變了一個人似的。其中很明顯的變化，就是以前雖小像大人，如今雖大像小孩。在那些孤獨的歲月裡，她逼迫自己像大人一樣地獨立生活，獨立處理各種難題，甚至還設法替媽媽分憂，給媽媽鼓勁。登泰山的時候，她教媽媽橫着腳上台階，以免踩空摔倒。而現在，她有爸爸了，有人護着她了，她便逐漸恢復了孩子的本性，找回了童年。這當中難免常有些耍賴犯渾的事兒，但看到她終於像個孩子了，爸爸媽媽都感到欣慰。

　　孫佳星告訴我說：

　　「以前我想要爸爸，心裡也有些怕。人家都說後媽厲害，這後爸爸不更厲害嗎？可是，我找這個爸爸跟親爸爸似的。除了關心我生活，他還幫我學數學，因為他的數學比媽媽好，媽媽幫我學語文。爸爸講題一點不煩。他愛看新聞聯播，關心國家大事，但為輔導我功課常常耽誤，我煩了他都不煩，慢條斯理地說：『這個不能着急。』不過，他管我很嚴，我有時也生氣，當然也不是真生氣，是跟他耍賴。」

　　學校進行心理測驗的時候，出過這樣一道題：

　　「什麼時候你最高興？」

　　孫佳星答道：

　　「和爸爸一起的時候。」

　　如今，孫佳星已經長大成人，我（孫雲曉）曾有幸應邀看過她在中央戲劇學院的畢業演出。後來，她一直從事導演工作。

孫佳星的媽媽絕對算得上是一個好媽媽，認真負責，盡心盡力，為女兒的成長付出很多很多，但即使這樣，她也感到爸爸的位置是她替代不了的。其實對於每一個孩子來說，父親的位置是誰也替代不了的，媽媽再怎麼能幹，也難以替代，因為父教和母教是不一樣的。

女孩的成長
需要父親的引導

1990 年，一部來自台灣的電影《媽媽再愛我一次》在內地引起轟動。人們排隊走進電影院，看電影時哭得稀里嘩啦，那首電影主題曲《世上只有媽媽好》更是傳遍大江南北，每個孩子都會唱上一兩句「世上只有媽媽好，有媽的孩子像個寶……沒媽的孩子像根草」。這部電影讓我們體會了母愛的偉大與無私。母愛的偉大是毋庸置疑的，那麼父愛呢？

如果沒有爸爸呢？如果父愛缺失了呢？許多爸爸媽媽可能並沒有思考過這個問題。在我們眼裡，父愛跟母愛一樣重要。

下面我們通過一個女孩前後兩段截然不同的經歷來瞭解父愛所創造的奇跡[①]：

---

① 奧普拉‧溫弗瑞——由「問題少女」到「脫口秀女王」[EB/OL]. http：//news.xinhuanet.com/world/2005-11/23/content_3822100.htm。
周潔皓：《奧普拉的悲喜人生》[N]，《深圳晚報》，2008-07-14。

　　14歲以前的日子裡，她的生活混亂不堪，痛苦得不堪回首：

　　她是私生子，她的母親是一名女傭，父親是一名軍人。她
出生的時候，她的父母都只有十幾歲。她的監護權屬於母親，
出生後不久，她的母親外出打工，把她留給了嚴厲的外祖母。
外祖母對她十分嚴厲，做錯一丁點事情都要懲罰，挨打受罵成
了她生活的一部分，她的外祖母喜歡用鞭子抽打她。

她小時候，經常穿着用裝馬鈴薯的麻袋製成的衣服，因此得到了「麻袋女孩」的綽號。她小時候的玩具也非常簡陋，養蟑螂當寵物，用風乾的玉米棒子做成洋娃娃玩。

六歲時，她被送去與母親一起生活。母親是一個愛發火的女人，一個對自己沒有幾絲愛意的女人。因為房間被佔滿了，她每天晚上只能睡在門廊裡。她的母親不喜歡她，甚至覺得她是一個負擔，她從沒有從母親那裡感覺到溫情，她成了一名棄兒。

她甚至成了性虐待的對象。第一次是在叔叔家，她被一個表哥強姦了，才九歲的她根本不明白到底發生了什麼。接下來的 5 年裡，她又受到過許多男人的虐待，其中有她的親戚，還有母親的男朋友。她為發生在自己身上的這種可怕的事情而深深自責，並且保持沉默，她覺得自己是個壞女孩。她變成了一名問題少女，還被送進過少管所。自暴自棄的她繼續和夥伴們鬼混、抽煙、吸毒、酗酒，越陷越深……

14 歲時，她未婚先孕，卻不知道孩子的爸爸是誰，而嬰兒出生沒多久就死了。

現在的她，在社會上擁有巨大的影響力，是「改變了世界的黑人婦女」中最有名的一位。

1998 年，她被《時代》雜誌評為 20 世紀最具影響力的 100 位人物之一，在女性當中，排名僅次於當時的美國第一夫人希拉莉。

2003 年，她成為首位進入《福布斯》排行榜的黑人女富豪，資產達十億美元。

2005 年《福布斯》100 位名人權力榜中，她榮登榜首。

是誰使她發生了如此大的改變，讓人不敢相信這是同一個人？

這一切的改變，源於她的父親，父親讓她重獲新生。

在 14 歲時，握有監護權的母親已對她不再抱有希望，又無計可施，只好讓她的父親把她接過去。父親把她接去與自己一起生活，她的命運才開始了根本性的轉折。

她的父親是一個非常嚴厲的父親。他規定女兒每週要讀完一本書，而且還要寫一篇讀書報告。在父親的嚴格管教下，問題少女逐漸成長為成績優異的好學生。

她的父親還是一位很有智慧、善於管教的父親。他盡力讓她忘記過去的糟糕經歷，撫平她的傷痛，幫助她制定人生目標和行為規則，並告訴她一定要珍惜自己的價值。

她的父親曾這樣引導她：「有些人讓事情發生，有些人看着事情發生，有些人連發生了什麼事情都不知道，你願意做哪一種人呢？」

她決心做那個「讓事情發生的人」。她的內心被父親的愛和鼓勵喚醒，決定改變從前的生活，做一個有價值的人。她漸入佳境，成為全優生。在校園裡，她越來越活躍，後來又主持高中學生委員會，參加戲劇俱樂部。她的口才和辯才也在學校裡有了用武之地，16 歲時她贏得艾爾克斯俱樂部演講競賽，並由此得到了到田納西州立大學深造的獎學金。她還作為那什維爾青年協會代表和東部高中美國傑出少年的代表，赴白宮受到尼克遜總統的接見。

1972 年，她考上了大學，進入田納西州立大學主修演講和戲劇。大一那年，她參加了田納西州黑人小姐的角逐，憑着出色的口才和獨特魅力，獲得了桂冠。第二年，她又被哥倫比亞廣播公司聘為業餘新聞播音員。大三時，她便已掙得 15000 美元的薪水，成為小有名氣的新

聞播報員。1976年畢業後，她又成為巴爾的摩電視台最年輕的新聞播報員。

乍一看，她的現在和過去，很難讓人聯繫在一起，讓人難以相信這是同一個人。這裡面，有她的天分和努力，但更重要的，是父親的力量扭轉了她的人生軌跡，讓她懸崖勒馬，她的天分和努力才有了發揮的機會。

她就是奧普拉·溫弗瑞，享譽世界的「脫口秀」女王，曾八次獲電視艾美獎，僅僅是在美國，每週就有4900萬觀眾收看她的脫口秀節目。

她的父親名叫弗農·溫弗瑞，一個勤快又正直的人，在家鄉經營着一家理髮館和一家食品雜貨店，後來還成了市議會議員。

▋父女關係，
女兒婚姻關係的範本

大多數女孩的父母的最大願望是女孩生活得幸福美滿。戀愛結婚之前，女孩的生活幸福度主要依靠父母，結婚之後，她的生活幸福度主要是由她所選擇的婚戀決定的，而她的婚戀選擇，往往受到父親的影響。

在2009年第6期的《婚姻與家庭》分析了四個婚姻問題的案例，結果發現這四個遭遇婚姻問題的妻子都與父親有過不良關係，婚姻過程中遭遇的問題，都源於她們與父親的關係。其中一個案例

是這樣的^①：

一個女孩小時候經常挨父親的打罵：

小時候，幼兒園阿姨給我脫衣服時總會說：「這孩子又挨打了。」我也曾經悄悄問媽媽：「能給我換個爸爸嗎？」我媽只是無奈地看着我說：「你要是乖就不會挨打。」

於是，我努力做個乖孩子。爸爸要我晚上八點睡覺，我就乖乖地準時爬上床；爸爸希望我成績領先，我就拚命學習；爸爸希望我按時回家，我就從不參加小夥伴的遊戲⋯⋯

但我畢竟是個孩子，我怕黑，怕一個人睡覺。有幾回，我想讓媽媽陪我睡，於是大聲喊媽媽過來。「吼什麼，自己睡！」客廳傳來的陰沉男聲打斷了我的叫嚷。「我害怕，我一個人睡不着。」我分辯道，「啪！」我聽見鋼筆被摔在了桌上，急促的腳步聲隨之臨近。

我躺在床上一動不敢動。爸爸走進來拉開了燈：「有什麼好怕的？怕就開燈，不許吵！」燈光打在牆上，映出爸爸的剪影，就像一個怪獸。他伸出手指：「我數三聲，你再不給我睡覺，小心我把你拉出去餵老虎！一、二⋯⋯」我閉上雙眼，抽動雙肩大哭，想向媽媽求救。

「嘿！叫你不要吵，你還給我哭起來了，是不是找打？」話音未落，爸爸已經掀開被子把我往門外拽，巴掌隨之如雨點般落在我身上。媽媽躲在廚房裡哭，我則抖動身體抽泣着。

---

① 陳佩華：《和父親握手，與婚姻講和》[J]，《婚姻與家庭》2009 年第 6 期。

這樣的場景在我家幾乎每天都要發生。只要爸爸咳嗽一聲，我和媽媽就嚇得不敢說話。更多的時候，他不咳嗽，而是直接動手。要是趕上他喝了幾口酒，我就更慘了，因為他隨時可能抬起巴掌，甚至都不用找一個打我的理由。

這種膽戰心驚的生活讓小小的我十分恐懼。那時，我只想快快長大，早點兒脫離父親的魔掌。

她十分恨她的父親，父親給她留下了很深的心理陰影。但令人感到非常意外的是，到最後她卻找了一個像父親一樣喜歡暴力的丈夫：

我 20 歲就結婚了，丈夫孔傑長得高大威猛。當年我會嫁給他，只因為在那個很冷的晚上，他脫下外套，披在我身上。那一刻，我覺得很溫暖、很安心，不由自主地就想依靠他。我們戀愛不到半年就結婚了。結婚後，孔傑漸漸表現出他的另一面。他不愛做家務、大男子主義，也不像結婚前那樣喜歡我黏着他。有時遇到不順心的事，他會罵罵咧咧的。我要是說他幾句，他會對我翻白眼，說得多了，他甚至動手打我。我真後悔，當初為什麼這麼草率就和他結婚了。我更覺得悲哀的是，自己剛從父親的暴力陰影中走出來，就又落入了丈夫的暴力牢籠。

為什麼她會如此選擇？難道她有受虐的傾向？
心理諮詢專家陳佩華解釋了其中的原因：

暴力的父親會造就一個恐懼和缺乏安全感的女兒，她會急切地尋

求保護。因此，這類女孩往往會早戀或早婚，尋求自己生命中的另一個保護傘。由於內心的不安感，在現實中她會找一位看上去比較強悍的男性⋯⋯

美國心理學家諾曼‧萊特在分析著名童話人物睡美人與灰姑娘的故事時，也給出了類似的解釋：

現在的很多女性，特別是那些在家裡沒能充分享受父愛的女性，總是會對第一個向她求婚的「王子」充滿情意綿綿的幻想，期望能從他身上尋找到在父親那裡未能得到的安全感和依賴感。

實證研究也證實了這種聯繫：

一項全美調查發現：單親家庭少女懷孕的百分比是雙親家庭少女的三倍。在另外一項研究中，學者赫塞林頓比較了兩組女孩，一組是與父母生活在一起的女孩，另外一組是只與母親生活在一起的女孩，結果發現[1]：來自離婚家庭的女孩更早、更頻繁地與男孩約會。

之所以存在這樣的聯繫，原因有兩點，其一是父親的榜樣作用。大多數情況下，父親是女孩的第一個「男」朋友。女孩對男性的認識往往是從父親開始的。早期的父女關係往往是女孩以後處理異性關係

[1] E.M. Hetherington, *Effects of Father Absence on Personality Development in Adolescent Daughters*,[J]. Developmental Psychology,1972（7）.

的樣板，心理學家羅斯・派克認為[1]：父親對女兒的影響並不在童年時期就宣告結束，甚至到了青少年時期和成年時期，女兒與男性的關係也較多地受到她與父親早期關係的影響。父親為女孩提供了一種男性的榜樣和行為模式，女孩往往從父親身上的男性品質上尋找未來生活的參照，青春期的女孩甚至會把父親看作為未來丈夫的模型。研究婚姻與愛情的專家認為，女孩在尋找戀愛對象時，她們會有意無意地尋找那些與父親相像的異性。

其二是父教的存在提高了女孩認識和瞭解男性的水平，提升了女孩與男性打交道的能力。心理學的角色互動理論指出：父親在幫助女孩學習與男性打交道方面較為重要，學者赫塞林頓的研究發現[2]，在與男性打交道方面，那些只與母親生活在一起的女孩，面對男性時表現出更強的焦慮感。

父親是女孩成功的動力

21 世紀是女性崛起的世紀，早在新千年來臨之際的 2000 年，美國方言學會就把「she」字推選為「21 世紀最重要的一個字」。

21 世紀是知識經濟時代，競爭的方式將不再是工業文明時代的體

---

① 羅斯・派克：《父親的角色》[M]，遼海出版社，2000。

② E. M. Hetherington, *Effects of Father Absence on Personality Development in Adolescent Daughters* [J], Developmental Psychology,1972（7）.

力，而更多地表現為策劃、推廣、溝通、聯絡、互動、服務、協調……而女性特有的敏感、細膩、靈活、韌性、關愛、注意力以及第六感覺等優勢，將在 21 世紀大顯身手。管理大師彼得·杜拉克曾預言：知識性的工作將跨越性別的界線，工作性質將由重視勞力向重視智力轉變，女性的優勢將越來越突出。

女孩可能的優勢如何轉化為真正的優勢，父親在其中發揮着重要作用。父教專家威廉姆·羅納德認為[1]：「爸爸是一種媒介，通過他，女兒能夠理解自己的價值。他所給予女兒的那種毫無條件的認可和讚美，是他的妻子、兒子、母親、父親、愛人或者情人，都無法做到的。」

英國前首相戴卓爾夫人，是世界著名政治家，三次蟬聯首相，以「鐵娘子」的綽號聞名於世。在她的成長過程中，父親居功甚偉。

她的父親羅伯茨是英國格蘭文森小城的一家雜貨店主，在經商的同時，他積極投身於公益事業和教會活動，在小城的政界中頗有聲望與號召力。瑪格麗特（戴卓爾夫人結婚前的名字）五歲生日時，父親就送給她一段話作為禮物：「孩子，你要記住——凡事要有自己的主見，用自己的大腦來判斷事物的是非，千萬不要人云亦云啊。這是爸爸贈給你的人生箴言，是爸爸給你的最重要的生日禮物！」父親還曾諄諄教誨她：「瑪格麗特，決不要去做或想那些平常的事情，因為人們早已經做過了。打定主意做你自己想要做的事，並設法說服人們遵循你的方式。」

---

[1] 羅斯·派克：《父親的角色》[M]，遼海出版社，2000。

父親一直向她灌輸的思想是:「永遠坐第一排。」哪怕是坐公交車,聽講座,父親都要求女兒坐在第一排,以此來培養她的領袖氣質。

正是父親羅伯茨不斷激勵和指引,使瑪格麗特從一個普通的女孩成長為叱咤風雲的政治家「戴卓爾夫人」。1979 年 5 月,戴卓爾夫人作為英國女首相搬進唐寧街 10 號時,說:「我的一切成就都歸功於我父親羅伯茨先生對我的教育培養。」

著名人類學家瑪格麗特·米德在自傳中,也把自己的許多成功和價值觀念歸功於她的父親:「他教我思考的重要性,以及保持個人目標的重要性……對婦女來說,既致力於純粹的善又致力於純粹的智力活動是無可厚非的……正是我的父親。」美國的一項研究表明[1],那些成為全國公認的大公司總裁或分公司總裁的婦女們,其成就在某種程度上與她們的父親有着非常緊密的聯繫。

傳統上,作為男性的父親對職業有着更為深厚的瞭解,因此在女孩的學業和事業發展上,父親發揮着獨特的價值。

我(孫雲曉)不妨談談自己的切身體驗:

當孩子面臨重大問題,比如升學、選擇職業時,往往能看出父母視角、眼界的不同。1995 年,我女兒孫冉臨近小學畢業,老師通知學生父母去學校開會,內容是畢業考前動員。

坐在狹小的椅子上,我發現這個會簡直像生死大戰動員會。現實

---

① 羅斯·派克:《父親的角色》[M],遼海出版社,2000。

明擺着，想讓孩子將來上大學嗎？那似乎就意味着要讓孩子上重點中學，可上重點中學不容易，前三名才有希望。一個班五十多個學生，考前三名談何容易？那就準備錢吧，當時的行情好像是區重點中學五萬元，市重點中學八萬元。不過考分太低了，五萬、八萬也不行！可是，花了高額學費，進了重點中學的門，學生又會是怎樣的心理感受呢？會不會如坐針氈、四面楚歌？

果然，女兒表示不願去重點中學活受罪，提出要報考一所非重點的中學。這是一所全北京招生的日語特色學校。妻子立即表示反對，她是北京大學日語專業畢業的，一直與日語打交道。她認為學日語天地太窄，將來發展空間受限制，還是主張女兒力爭進入重點中學，學習英語。妻子的擔心不無道理，學任何小語種都會受到某些限制。

於是，女兒選擇什麼中學成了我家的爭論焦點。我的觀點是：第一，將有關資訊告訴女兒，然後尊重女兒自己的選擇；第二，發揮優勢，先生存後發展。女兒學日語固然面窄一些，但可與母親用日語對話，加上那所日語中學對外交流多，會比學英語進步更快，機會更多，生存能力更強。

爭論的結果是，女兒輕鬆地考入了那所日語特色中學，免去了升初中的大考之苦，也免去了升高中的考試壓力。女兒在中學6年，總的說來是輕鬆愉快的，成績處於積極向上的狀態。所以，我認為當時的堅持是對的。

最難以忘懷的是，女兒接待了三批日本女中學生在我們家住宿，她也到日本中學生的家裡住過兩個暑假。經歷了豐富多彩的體驗和實際生活的鍛煉，女兒不但日語水平提高迅速，獨立性與合作能力也顯著增強。

　　女兒沒有進過名牌小學和重點中學，課外時間也很少參加各種補習班或特長班。我比較重視讓女兒養成讀書與寫作的習慣，鼓勵她積極參加學校的小記者活動。在我看來，當記者接觸人多，要學會分析複雜的現象，有助於提高獨生子女的社會適應能力。因為我當過多年記者，這對女兒的影響也比較大。結果，女兒成為一個優秀的小記者，並且夢想成為專業記者。

　　為了實現自己的記者夢，女兒特別勤奮地學習，考入了她理想中的復旦大學。她說，她喜歡讀復旦，也喜歡上海這座城市。

　　復旦大學畢業後，女兒如願以償，成為《中國新聞週刊》的記者。由於業績較為突出，五年後她被評為資深記者。2010 年，她受中國新聞社的委派，擔任長駐日本記者。顯然，懂日語是她的特別優勢。在日本發生特大地震、海嘯與核輻射的巨大災難面前，女兒一直堅守在最前線，發出一系列獨家報道，榮獲中國新聞社社長特別獎。

由此看來，女兒的選擇是對的，我的堅定支持也是對的。

在學業和職業發展上，父親之所以發揮着更大的作用，與父愛的獨特性密不可分。母愛往往是無條件的，而父愛往往是有條件的，父愛經常是作為一種對女孩良好行為舉止的獎勵出現的。為了贏得這種獎勵，女兒必須努力，這推動了女兒的學業和事業進步。

道格拉斯·杜內等人通過研究發現[1]，與父親生活在一起的女孩具有較高的教育期望，並且在自然科學、數學、語文和歷史等標準化成就測驗中比那些只與母親生活在一起的女孩獲得更高的分數。約翰·斯納里的研究表明[2]：具有上進心的婦女，往往可以從她們在青少年時期與父親的密切關係中覓得根源。他認為，正是父親積極地參與到女兒生活當中，才促使她們有能力實現與母親的分離，並建立起通向外部世界的道路。

在心理學上，父親經常被看作是孩子掙脫對母親過度依戀的關鍵力量。父親是孩子走向外部世界的橋樑，父親的存在與鼓勵是孩子獨立性發展的基礎。著名女性心理學家卡羅爾·吉利根認為，男女兩性與他人的聯繫方式截然不同，女性往往側重於聯繫，男性往往側重於分離。父親往往鼓勵孩子的自由探索，而母親往往傾向於過度保護。作為男性，父親更傾向於鼓勵孩子的自主與獨立。

---

[1] D.B. Downey, B.Powell. *Do Children in Single-Parent Households Fare Better Living with Same-Sex Parents* [J]. Journal of Marriage and the Family,1993（55）.

[2] 羅斯·派克：《父親的角色》[M]，遼海出版社，2000。

4. 好父親，對妻子意味着什麼？

一個負責任的父親，不但兒女是直接受益者，而且妻子也會從孩子的好父親那裡收穫良多。

在一個正常的家庭之中，有三種基本的關係：夫妻關係、父子（女）關係和母子（女）關係，就像三角形的三條邊一樣。一個健全的家庭，是三種關係健康互動、和諧共處的家庭。在家庭教育的過程中，父教和母教是相互促進、相互制約的關係，再好的母教也難以代替父教，再好的父教也難以代替母教。父教的存在，既可以彌補母教的不足，避免母親的溺愛，又能和諧夫妻關係，讓家庭氛圍更溫馨。

▮父教
可以避免母親的溺愛

著名作家冰心曾說過：「女性佔有 50% 的真、60% 的善、70% 的美。」母教對孩子的發展確實非常重要，但無庸諱言，母教也存在一些不足之處，由於母親具有天然的生、養、育一體的特點，在孕育

和生產的過程中，母親付出了比父親更多的心血，加之母性的本能，還有母愛的無條件性，母親往往更容易成為溺愛的實施者。

溺愛有兩個主要特徵：一是過分滿足，即不考慮孩子的要求是否合理，無原則的予以滿足；二是過度保護，即不願意讓孩子面對困難，遇到問題包辦代替。這不是真正的愛，它以愛為名義，剝奪孩子的自由，剝奪了孩子成長的機會。

記得 1991 年 6 月，當我（孫雲曉）採訪冰心時，這位飽經滄桑的 92 歲老人說道：「有時候，母愛並不是健康的，反而害了子女！譬如『小皇帝』的出現，就因為母愛不健康。」我問：「您是指溺愛孩子嗎？」老人點點頭，回答：「對！『小皇帝』是獨生子，什麼事情都聽他的，什麼東西都任他享受，這就會害了他。」

重慶市人民檢察院原副檢察長郭寶雲就是一個極度溺愛兒子的母親，與老公離婚後，她把自己所有的「母愛」都給了兒子。在母親的一味縱容下，兒子越來越依賴成性，不斷逾越法律的邊界，最後母子倆雙雙鋃鐺入獄。

郭寶雲曾經是個女強人，她從普通技術員，一步步走上正廳級領導崗位，成為重慶市人民檢察院常務副檢察長。作為女人，在事業上，她無疑是成功的。但是，作為妻子，她卻認為自己是失敗的，因夫妻二人越來越沒有感情，最終辦了離婚手續，分道揚鑣。失去老公以後，兒子楊某成為郭寶雲最親近的人，也成為她所認為的依靠，郭寶雲認為守住兒子就是守住幸福。

兒子因三門功課不及格被高校開除後，她利用關係將兒子安排到

一家大銀行信貸部工作。當兒子很隨意地放棄了無數人羨慕不已的銀行工作後，她又替兒子找到發財的門路——開公司，自己利用職權為兒子斂財，數年之間違法牟利近三千萬。郭寶雲貪汙的錢越多，兒子卻越來越不爭氣，兒子身陷賭淵，不僅賭光了數個公司的所有資金，借了別人數百萬元的外債，而且還欠下賭場數百萬元高利貸，被黑幫頭子追得四處逃命。郭寶雲又設法幫助兒子擺脫了困境，替兒子還清賭債。兒子違法事實敗露以後，她又把餘下的 878 萬元非法所得兌換成美元寄到國外，並委託他人替兒子辦理赴加拿大的護照，讓兒子逃往加拿大，告訴兒子千萬不要回國。兒子偏偏不聽，2002 年 7 月，楊某瞞着母親偷偷回國時，被警方抓獲。在交代犯罪問題時，他很快就將母親以權謀私為他牟利的事情一五一十地作了交代。最終，郭寶雲因犯受賄罪、貪汙罪，數罪並罰，判刑 18 年。

對於兒子楊某，郭寶雲說：「我把心肝都掏給他吃了，他還把所有責任推到我頭上，我白養了這個兒子。」

在向執法機關提供母親犯罪證據時，楊某說：「我對媽媽恨之入骨。」他還曾對辦案人員說：「老太婆不是稱職的母親，她處處管着我，事事束縛我，我只有花錢的自由，結果既毀了她，也害了我。」

一位溺愛母親的存在，往往意味着一個失職的父親的存在。母親容易溺愛孩子的一個重要原因，那就是父教不足或父教缺失。在許多家庭裡面，正是由於父親有意無意地疏忽了自己的教養責任，父教不足或父教缺失都有可能導致母教過於強大，母子之間的聯繫過於緊密而糾纏不清。父教正好可以彌補母教的這種不足。

對以色列 12 歲至 16 歲青少年的研究發現，在青少年時期，父親會比母親提供更多的自主性支援，父親的角色可以促進青少年獨立性的發展，掙脫原生家庭的束縛。父親被看作是孩子掙脫對母親過度依戀的關鍵力量，父親的存在與鼓勵是孩子獨立性發展的基礎。

父教
可以避免母教的偏狹與極端

父教與母教同時並存，作為一種有效的平衡與糾偏機制，可以陰陽互補，防止家庭教育走向極端。父教的優點可能是母教的缺點，母教的優點可能是父教的缺點。母教可以彌補父教的不足，父教也同樣可以彌補母教的不足，二者的存在可以起到 1+1>2 的功效。

如果父教或母教缺失，另外一方就容易走向極端。由於父教的缺失，母教失去了這種平衡與糾偏機能而走向極端，往往導致教子悲劇的發生。

我們可以通過下面兩個案例來理解這個觀點：

魏永康，在他的家鄉，據說可以不知道縣委書記的名字，但不可以不知道「天才」魏永康的名字。他的成長經歷中確實有一些「天才」的表現：兩歲，他就認識四千多個漢字；三歲，媽媽去上班的時候，他出口成「詩」：「媽媽去上班，我祝你平安，說一聲再見，媽媽喜洋洋」；四歲他就開始上小學，能解方程式，三年時間就完成了小學六年的課程；八歲時，高考題 100 分，考

了 76 分，他開始上中學；13 歲他考上國家重點大學湘潭大學；17 歲他考上中科院碩、博士連讀。

在 17 歲之前，他的學業表現確實是「天才」，17 歲以後，他的行為卻讓人大跌眼鏡，前後判若兩人。

他的生活長期不能自理：發生非典的時候，人家都去領藥，他不去領藥，人家都去領口罩，他也不去領口罩，都是別人送到他家裡去。他也不打掃房間，房間裡整天臭烘烘的。他自己也不怎麼洗澡，一開門，汗臭氣撲面而來，讓人難以忍受……

他的行為也有些「怪誕」，讓人難以理解：有一年冬天，他竟然穿着單衣、穿着拖鞋去天安門逛了一圈，周圍的遊客像看怪物一樣盯着他看。

他不會與人交往：別人都知道「二百五」是一個不好的詞彙時，他卻不知道。他不知道與女生交往，因為媽媽曾經說過「美女是毒蛇，會把你拉下水的」。他不知該如何跟他人交流，大學快畢業時，他中學時的校長來看他，誇他說：「魏永康你懂事多了。」他就反過來說：「那我還是沒有你那麼懂事。」弄得校長非常尷尬。

他的學業也一塌糊塗：他錯過了幾次考試，曾被記為 0 分……

2003 年 8 月，已經讀了三年研究生的魏永康，被中科院勸退回家。

他為什麼變成這個樣子呢？他的媽媽是一個重要原因，可謂成也媽媽，敗也媽媽。通過記者們的採訪[1]，在這個媽媽身上，看到了「教育狂」的身影：

---

[1] 新聞調查：神童魏永康成長的煩惱 [EB/OL].（2005-5）21，http：//news.xinhuanet.com/video/2005-05/21/content_2984005.htm。

記者：那個時候想把孩子培養成一個什麼人？

曾某某：我原來懷他的時候心裡面就想，如果是個男孩的話，我希望他成為華羅庚或者陳景潤他們這種人；如果是女孩，就成為居里夫人那個樣子，我心裡一句話，就是希望他成為科學家。

記者：那你帶他玩嗎？

曾某某：沒有玩過，即使帶他玩也都是搞學習，一邊走一邊搞學習。如果六一兒童節帶他到街上看花燈，看元宵，看熱鬧，我都是要他用心形容這個場面，要他學成語。

記者：他小時候有夥伴嗎？

曾某某：沒有，他小時候夥伴很少，就是他一個。

記者：你覺得你心目中成功的人是一個什麼樣的標準？

曾某某：就是把孩子培養出來，達到博士畢業，再做博士後。

記者：那你覺得如果一個人他沒有讀碩士、讀博士、做博士後，他只是一個健康的、普通的、快樂的人，他算成功嗎？

曾某某：太沒有意義了，對人生來講太平常了。因為從古到今在皇宮裡當官的，在地方上當官的都是讀書的人。

記者：雖然出乎我們的意料，但一切也在情理之中，一個13歲的孩子生活上需要媽媽照顧，這完全可以理解，在魏永康大學四年中，有三年就和媽媽一起生活在這個房間裡，即使到了第四年魏永康搬到了學生宿舍，媽媽仍然與他形影不離。

曾某某：他跟我過了三年，三年間還像初中一樣的，他的生活自理、生活能力都是我一手包辦的。

記者：上大學的時候，孩子有沒有自己洗過衣服，洗過襪子？

　　曾某某：我從來沒有讓他洗過，我從來沒有要求他洗過，洗頭都是我給他洗的。我跟他講如果這些事不會做，將來如果讀博士，做博士後，有錢了，當了科學家有錢了，我可以請保姆幫忙給你搞，你搞你的事業，家務事你不要管。

　　記者：但是你能這樣陪他一輩子嗎？

　　曾某某：沒有條件，有條件，我都希望能陪他一輩子。

　　記者：曾阿姨，你有沒有意識到，孩子也是一個獨立的人？

　　曾某某：一個什麼人？

　　記者：一個獨立的人，有自己獨立的人格，有自己獨立的空間？

　　曾某某：獨立，反正將來除非我死了以後他就獨立了，現在我的孩子不能達到那個目的，我好像不甘心。

　　記者：如果再有一個小孩，你會怎樣教育他？

　　曾某某：我能讓他五歲上大學。

　　記者：孩子談過戀愛嗎？

　　曾某某：沒有。在湘潭大學的時候，有女同學找他玩，我罵過他，我對孩子說，美女是毒蛇，會把你拉下水的。不過，要找就找個相貌平平的，只要有美德、學業好、事業心強就行。孩子說才貌兩者都要。哪有那麼好的，漂亮的可能靠不住。

　　記者：對孩子去上班你怎麼看？

　　曾某某：感謝他們對孩子的關心，讓他散散心也好，不過我不會讓他幹一般的工作，太浪費了。即使給一萬塊錢一個月，如果是平常的工作也不願意他做。

我們在閱讀記者採訪記錄時，一直在納悶，爸爸在哪呢？媽媽如此極端，爸爸為什麼不出來管管，任由這種極端教育發展到不可挽回的地步？

根據新聞報道，我們得知這也是一個父教缺失的家庭，不管什麼原因，爸爸沒有對孩子的教育產生影響，沒有能夠糾正妻子極端的教育行為，孩子被教育到這樣一個程度，父親是失職的。

據報載，魏永康的父親是一個傷殘軍人，與妻子年齡相距很大，現已癱瘓在床，靠民政局發放的補助生活。父親對兒子的教育問題始終愛莫能助。妻子對他不滿意，把所有的希望都寄託在兒子身上。失去了父教的理性與中和，妻子對兒子的教育一天天走向極端。

目前，關於魏永康的發展，還有一些報道。他終於能夠離開媽媽了，我們祝願他最終能夠戰勝兒時的陰影，成為一個對社會有用的人，哪怕做不成「天才」，做好一個普通人也不錯。

另外一個案例是徐力弒母的悲劇——一個 17 歲的高二學生徐力用鎯頭打死了生他養他的母親。對此悲劇，不管是專家，還是社會大眾，都認為悲劇的原因歸結於一個「教育狂」的媽媽，許多人認為徐力是個「好學生」，徐力才是真正的「受害者」。

下面是徐力在接受採訪時的一些片斷[1]：

記者：談談你的家和你的媽媽好嗎？

---

[1] 盧勤：《母親？敵人？——別讓孩子的心流血》[J]. 北京文學，2001.3。

徐力：在家裡，我沒有一點兒秘密，我很壓抑。

我和父母的關係不太好，他們總是把我當小孩看，把我管得很死。我家是個兩居室，我有自己獨立的房間，但是我沒有自由的天地。我家沒有一張桌子是帶鎖的。我以前有寫日記的習慣，有時候把不願講的事情寫在日記裡，放進抽屜。但我的任何東西母親都要翻看，我一點兒小秘密都沒有。有一天，我偷偷出去和同學溜冰，母親在我外出時偷看了我的日記，發現了這件事。等我回來，她罵我怎麼這麼不聽話，狠狠地打我的臉、打我的腿。我從此再也不寫日記了。

記者：你和媽媽的矛盾，是什麼時候開始尖銳化的？

徐力：是上高中以後。在家裡，我感到母親處處在監視我。家裡的電話鈴響了，我沒有資格去接，都是她先去接。有時同學打電話找我，她總是問：「你是誰，你找徐力有什麼事」，問得清清楚楚，才把話筒給我。我跟母親說過不要這樣，但是她說，你可能在外面交壞朋友，根本聽不進我的話。後來，同學們都不敢給我打電話，還嘲笑我說：「徐力呀，誰敢給你打電話，你媽太厲害了！」我有時候覺得孤獨，想打電話給同學，母親就說：「有什麼事在學校都講完了，還有什麼好說的，打什麼電話？」

記者：「你是否因此恨你的媽媽？」

徐力：「恨談不上，只是壓抑感越來越強。我很愛打球，可母親不讓我打球，只讓我在教室裡學習。讀高中後，每天都有晚自習。晚自習前有一段時間，同學們可以在外面打打籃球。這時母親經常到學校來，監視我是在學習還是在玩。她希望我把所有的時間都用來看書學習，課外活動時間也學習。我有時多玩了一會

兒，晚了十分鐘回家，媽媽也要罵我、打我。她經常打我，用棍子、用皮帶、用掃帚，有時把掃帚都打斷了，我也不還手。我曾經跟她說我的理由，但她從來不聽。」

記者：「你在家挨打的事，同學們知道嗎？」

徐力：「同學們不知道。家裡的事，不可對外宣揚。我也不想找人談心，基本上是把心事憋在心裡，或者到外面去大聲喊幾聲，排除內心的苦悶。

「媽媽平時最多的話就是關心學習。考不好，她就罵我：『你這麼笨，為什麼學不過別人？別人能學好，你為什麼不如人？』媽媽一個朋友的兒子，每次都是全年級第一或第二名，她便總是把我跟人家比。在學習方面，父母是站在一條戰線上的，他們對我的要求都非常高，讓我考北京大學、清華大學，至少也要考上浙江大學。根據我自己的能力，我根本考不上。但只要我盡力，不管上什麼大學，本科是能夠考上的。」

記者：「你從什麼時候開始對媽媽不滿的？」

徐力：「上高中以後。初中升高中時，我考進了學校的重點班。第一個學期，我的排名在全班倒數第二名，到第二個學期，我的成績躍到了第十名。母親十分高興，要求我每次期中、期末考試的成績都要排在班級的前十名，考不到，她就打我、罵我。我感到母親管得太嚴了，怨恨就在慢慢生長。我感到，長這麼大，她還以對小學生的方式管我，我心裡非常難受、非常壓抑。我喜歡踢足球、看書、看電視，但媽媽認為這些都影響學習，老是阻止我。在學校與同學交往，他們談些新聞、電視劇，我什麼都不知道，插不上嘴。我想看看報紙，媽

媽又說，高考又不考報上的內容。每週六和週日，她也不讓我出去玩，每天就是讓我學習。我厭倦了，太單調了，我覺得學習學得很不開心，活着沒有什麼意思……」

記者：「你和母親的矛盾是怎麼激化的呢？」

徐力：「那天中午，吃過午飯，我見到母親開着電視在臥室裡織毛衣，我想過去看幾眼電視。母親像往常一樣又開始說我：『我告訴你，考不上大學，我不會給你第二次考大學的機會，期末考不到前十名，我就打斷你的腿。反正你是我生的，打死了也沒關係……』我心裡很委屈、很憤恨，我覺得我已經很用功了，她怎麼還這麼說我。我一聲不吭拎起書包往外走，走到門口看見鞋櫃上有一把鎯頭，於是我衝出臥室，就……」

下面的事情大家都知道了，他用那把鎯頭打死了媽媽，然後逃走了，最後被警察抓住。

把慘劇的原因歸結於「控制狂」媽媽，這當然沒有多少問題，但是最近幾年我們研究父教以後使我們看到了問題的另一面，那就是父教的缺失。在解讀這個案例時，我們不禁會發出這樣的疑問：徐力的父親呢？如果有一個強大的、健康的、負責任的父教存在，徐力還會感覺到暗無天日，沒有一絲自由的希望嗎？

我們進一步瞭解才知道，徐力的爸爸在外地的鐵路系統工作，每週只回家一次，星期五回來，在家裡呆兩天。徐力主要和媽媽在一起生活。對於父母親之間的關係，徐力說：「我的父母生活得很不幸福，整天為掙錢而奔波，他們之間溝通很少。母親看不起父親，所以母親

經常對我説，不要像你父親那樣沒出息，一定要考上大學。」母親看不起父親，因為母親是大學生，父親只是初中畢業生。母親覺得父親沒用，嫁給父親太委屈自己了……

我們猜想，徐力的媽媽看不起老公，所以也不願意讓老公承擔什麼教養責任，而徐力的爸爸可能也因為自己的學歷低而感到慚愧，自覺無力與大學生妻子相比，拱手把教育孩子的權利和義務讓給妻子，坐視妻子的教育走向極端，這其實也是不負責任。

▌妻子需要丈夫
在關鍵時刻勇於擔當

我（李文道）的父親是個挺沉默寡言的人，總是默默地做着農活，不苟言笑。從很小的時候起，父親經常帶我們三個孩子幹各種各樣的農活，在小事上父親管教我們並不多，我的管教更多是媽媽在負責。

在讀小學時，媽媽還管得了我，上了中學以後，尤其是自己的成績跟不上以後，我便逐漸自暴自棄了，整天在學校裡混日子，成績差得出奇。一次期中考試，英語考了四分。

成績差，人緣也不怎麼樣，自己不願受那些留級的年齡大一些的同學的欺負，打過幾次架，負多勝少，曾被班主任老師開除回家。最後姐姐去學校找班主任老師求情，我才重新回到學校，但那時我的心已不在學校。

記得那是一個秋天，放秋假幫家裡幹農活，自己玩野了，農活雖然累，但累的是身體，心情還是非常舒暢的。秋天的天氣也特別好，

秋高氣爽，不冷不熱。農村的原野很廣闊，不像教室裡，密密麻麻的學生讓人透不過氣來，農閒之餘還能有一些娛樂活動⋯⋯雖然簡單粗樸，但我仍然興趣盎然、樂此不疲。到秋假快結束時，我已經樂不思蜀了，對回到學校讀書一點也沒有興趣，簡直就是視學校為畏途，視教室為仇敵。在秋假開學的前幾天，我向媽媽攤牌了——不再回學校讀書了。媽媽的反應異常強烈，先是威逼，不成再利誘⋯⋯小時候媽媽打我比較管用，但這時已經不管用了，她以前的教育手段統統失靈，我不服她的管教了。

媽媽沒有辦法了，無技可施了，她還指望我向哥哥學習（我的哥哥是當時村裡的第二個大學生）讀好書讀大學，她的希望看起來要破滅了，她很失望很傷心。不管媽媽怎麼樣翻來復去的教育和引導，我就是不聽。秋假後開學的那天早上，媽媽仍在做我的工作，希望我背起書包去上學，而我已經吃了秤砣鐵了心了，再也不願回到學校那個鬼地方。

父親早上起得早，先去地裡幹了兩個多小時的農活，這時回家吃飯了。他沒多説什麼，只記得問我：「去還是不去？」我的答案顯然是不去上學。從來沒有打罵過我的父親這時爆發了，隨手脱下自己的一隻涼鞋，一隻大手抓住我的左胳膊，另一隻手用涼鞋狠狠地打我的屁股，一下、兩下⋯⋯以前一直被母親打，但從來沒有被父親打過，沒想到父親的力氣這麼大，打得我嗷嗷直叫，發出殺豬似的乾嚎聲，拚命想逃也逃不掉，因為父親的大手死死地抓住我的胳膊，像老鷹抓着小雞似的，我只能圍繞着父親的身體作圓周運動。

不知打了多少下，父親可能也打累了，放下涼鞋，問我：「去不

去（上學）？」從來沒有挨過父親打的我這時心裡已經屈服了，但嘴還有些硬，口氣不是那麼堅定地回答：「不去。」父親又掄起了手中的涼鞋……我徹底屈服了，為了給自己台階下，提出了自己的妥協條件：繼續上學可以，但要留級。

最後，父母答應了我的留級要求，我又重新回到學校，然後是復讀，以後的求學之路比較順暢：從重點高中到山東師範大學，再到北京師範大學，一直讀到博士畢業。

人生的路很長，但關鍵可能就那麼幾步。現在回想起來，還有些後怕，如果當初母親無技可施，父親也放任我輟學，今天的我可能是另外一番境地，極有可能像我的大多數小學和中學同學那樣，在地裡幹着農活，一年到頭也沒有多少收入，或者在外地打工，居無定所，也掙不了幾個錢。今天想來，是父親的一頓暴打讓我重新回到求學的正軌上來。

作為一個研究家庭教育的學者，我當然反對用暴力體罰孩子，我很慶幸自己當初被打以後作出回學校讀書的決定，而不是以暴治暴、與父親正面衝突，甚至離家出走等等。

通過我自己的親身經歷，我特別想告訴父親們的是：孩子的青春期是一個反叛的階段，面對青少年的反叛，母親往往會力不從心，這時候她特別需要父親的加入來共同教養躁動不安的孩子。

美國著名教育專家杜布森博士曾披露了他父親的這樣一段經歷[1]：

---

① （美）杜布森：《培育男孩》[M]，中國社會科學出版社，2007。

我爸爸是一名傳道者，很多時候都不在家，我的母親則和我一起待在家裡。在青春期那段時間裡，我開始和我母親發脾氣。我從來沒有作出過全面的反抗，但是我確確實實有過那種傾向。

我永遠忘不了那個晚上，我媽媽跟我爸爸打電話。

我聽見她說：「我需要你。」

使我驚奇的是，我爸爸立即取消了四年的聚會，把我們住的房子賣了，搬到南方 700 英里遠的一個地方去當牧師，這樣他就可以和我們在一起，一直到我中學畢業。這對他來說是個巨大的犧牲，他在事業上從此一直沒有更大的發展，但是他和媽媽都覺得，我的健康成長比他們眼前的工作更為重要。在那幾個年頭裡，我本來有可能遇到更嚴重的麻煩，但因為父親就在我身邊，我獲得了幫助。今天，我如我經常做的一樣，又一次滿懷敬意地談到我的父母，其中的原因之一是，在我走向崩潰的邊緣時，他們給了我最大的關心。

微軟的創始人比爾·蓋茨在青春期時也出現過反叛行為，試圖擺脫母親的控制，對母親大為不敬。在這個關鍵時刻，父親及時出手，讓蓋茨重新走上正軌[1]：

11 歲時，蓋茨開始向父母拋出千奇百怪的問題，為難他們。步入青春期的蓋茨試圖擺脫母親的控制，對保持房間整潔、準時吃飯、別

---

[1] 張代蕾：《比爾·蓋茨父母的育兒經驗：一杯涼水潑出一個世界首富》[J]. 現代計算機（普及版）2009，20。

咬鉛筆頭等要求產生牴觸情緒，母子之間時常發生爭執。

11 歲後的蓋茨成了讓母親頭疼的孩子。母子矛盾在蓋茨 12 歲的一天達到高潮。蓋茨在餐桌上對着母親粗魯地大喊大叫，言辭充滿譏諷和孩子氣的自以為是。一向總代表着矛盾調停者的老蓋茨終於怒了，端起一杯涼水，潑到兒子臉上。喊叫停止了。

回過神的小蓋茨突然對爸爸說：「謝謝淋浴。」

這件事情發生以後，老蓋茨與妻子一同找專家諮詢小蓋茨的教育問題，並很好地解決了這個問題。

2009 年，我（孫雲曉）接受《中國青年報》記者韓妹、黃沖的採訪，採訪的主題很有意思，是關於父親和父愛的話題，在採訪時，我針對中國父教弱化甚至缺失的情況，直言「中國的父教缺失是我們民族很大的隱患」。我把整篇採訪放到我的新浪博客上面，激起一片熱議，短短三天之內，即有十八多萬人點擊，留言八百多條，中國的父教缺失引發了人們的高度關注。

在眾多的新浪網友的評論中，有一個網名叫「嵐兒」的網友給我留下了很深刻的印象。

孫老師

您好！

看完這篇文章，我的眼裡蓄滿淚水，我曾經當了近十年的幼兒教師，但是當自己有了兒子，兒子在逐漸長大，尤其是到了青春期，他對於父愛的渴望不是一般人可以想像的，就像一個長大了的小豹子，

需要以雄性為榜樣，在他小時候從沒有的渴望似乎是一夜之間都蹦出來了。

可是，我無法滿足孩子的願望，兒子的籃球是我這個從沒進過籃球場的媽媽陪練的，兒子現在是籃球場上的一員猛將。兒子的游泳是老媽陪練的，老媽從前是旱鴨子，在陪兒子的時候自己也學會了！

可是，兒子長大了，在假日裡他跟我要爸爸，過年的時候，站在陽台上，兒子望着萬家燈火沉默不語，他的父親在哪我們都不知道。聽見劉和剛唱的《我的老父親》，兒子是良久的沉默。有一次他的父親教兒子做了一道數學題，兒子回家來對我大喊大叫向我炫耀。

記得有一天，兒子對我說：「媽媽，在我的記憶裡我的爸爸從來沒有親吻過我。」那時兒子還小，我把這個信息告訴了永遠不願回家永遠忙碌的孩子父親，他回給我的話是：「我親他幹嗎？親他我不成了同性戀了？」

孫老師，我不知我是該為孩子感到悲哀還是為自己感到悲哀，兒子大了，已15歲了，我除了給他更多的自由外別無他法，男孩子需要父愛，是真的！

除了孩子，妻子也需要丈夫的幫助，許多妻子已經意識到：對於孩子的教育，光有媽媽一個人是不夠的，孩子們的健康成長需要父親。

5. 好父親，對男人意味着什麼？

　　父親這個角色是一個男人生命中最重要的角色，只不過，許多父親並沒有認識到這一點。

　　道格拉斯‧麥克亞瑟將軍，曾經是中國人民在朝鮮戰場上的強硬對手，這位美國陸軍五星上將，是唯一一位參加過一戰、二戰和朝鮮戰爭的美國將軍。在他的帶領下，二戰期間盟軍在太平洋戰場上打敗了日本軍隊，推翻了日本法西斯。對於父親的角色，麥克亞瑟將軍對此作出了詮釋：他有一位好父親，他也成為了一名好父親。

　　道格拉斯‧麥克亞瑟將軍的父親也叫麥克亞瑟，同樣是一名美國將軍，正是他使兒子走上了軍人的生涯。道格拉斯‧麥克亞瑟將軍晚年曾說：「我最早的記憶就是軍號聲！而這一切，都是我的父親給我的。我的父親不僅給予我生命，而且給予我一生的職業道路。」正是為了紀念父親，麥克亞瑟給自己的兒子取名為亞瑟，並且把父親的照片帶在身上，半個世紀沒離身。

　　麥克亞瑟自己也是一位好父親。

　　1941 年，日本偷襲珍珠港後大舉進軍菲律賓，當時任美國遠東軍

司令部司令的麥克亞瑟將軍孤軍無援，根本無法抵擋日軍的瘋狂進攻。
最後，麥克亞瑟及其率領的軍隊在菲律賓被日本軍隊包圍，陷入絕境，
馬上就要戰敗被俘了。麥克亞瑟將軍想着自己可能不久於人世，就為
自己的兒子寫下了下面這首充滿深情與期盼的祈禱詞：

> 主啊！懇求你教導我的兒子，
> 使他在軟弱時，能夠堅強不屈；
> 在懼怕時能夠勇敢自持；
> 在誠實的失敗中，毫不氣餒；
> 在光明的勝利中，仍能保持謙遜溫和。
> 主啊！懇求你教導我的兒子，
> 篤實力行而不空想；
> 引領他認識你，同時讓他知道，
> 認識自己，才是一切知識的基石。
> 主啊！我祈求你，
> 不要使他走上安逸、舒適之途，
> 求你將他置於困難、艱難和挑戰的磨練中，
> 求你引領他，使他學習在風暴中挺身站立，
> 並學會憐恤那些在重壓之下失敗跌倒的人。
> 主啊！求你塑造我的兒子，
> 求你讓他有一顆純潔的心，
> 並有遠大的目標；
> 使他在能指揮別人之前，

先懂得駕馭自己；

當邁入未來之際，永不忘記過去的教訓。

主啊！在他有了這些美德之後，

我還要祈求你賜給他充分的幽默感，

以免他過於嚴肅，還苛求自己。

求你賜給他謙卑的心，

使他永遠記得，

真正的偉大是單純，

真正的智慧是坦率，

真正的力量是溫和。

然後作為父親的我，

才敢輕輕地說：「我這一生總算沒有白白活着。」

阿門！

寫完這首祈禱詞後不久，美國總統羅斯福派魚雷艇將麥克亞瑟將軍接走，使其避免了被日軍俘虜的命運，並任命他為西南太平洋戰區盟軍司令，指揮該區盟軍作戰，在他的指揮之下，日本法西斯被盟軍打敗。

麥克亞瑟是一位好將軍，也是一位好父親，他認為好父親對他來說更重要。在 1942 年，二戰進行得如火如荼之際，麥克亞瑟還是擠出時間去領「優秀父親獎」。

站在領獎台上，他這樣講：

沒有什麼比由全國父親節委員會給予我這一榮譽更使我感動的了。

從職業來說，我是一名士兵，我對此感到無上的光榮。但是讓我感到更自豪的是——我是一名父親。一名士兵為了創造而去從事毀滅。做父親的只從事創造，決不去毀滅。前者可能導致死亡，後者則意味着創造和生命。死亡的隊伍雖然很龐大，但是生命的隊伍更為壯大。我的希望是，在我離去以後，我的兒子記得我的不是戰鬥，而是家園。

作為父親的麥克亞瑟，是值得父親們學習的榜樣。做一個好父親，可能是您一生中最感榮耀的事情。

父親角色
讓男人父性覺醒

如果讓我們只推薦一篇文章給父親閱讀的話，我們毫無疑問要推薦《不體貼的父親》。這篇文章最初被作者李文斯登·勞奈德發表在《波士頓晚報》上，後被推薦給《時代》雜誌轉載，又被發行量數以百萬計的《讀者文摘》轉載，還被戴爾·卡內基收入到他的暢銷書《人性的弱點》中。這篇一千餘字的短文感動過成千上萬的父親，羅斯福總統稱之為體現父親的責任感和愛心的親子教育聖書，喚醒了多少沉睡的父愛。在此，我們引用它以饗讀者。

聽着，我兒：

在你睡着的時候，我要和你說一些話。

你夢中的模樣真是可愛極了：小小的手掌枕着紅紅的臉蛋兒，金色的捲髮粘在微微出汗的額上，你在夢中甜甜地笑着……爸爸悄悄地坐在你的床前，凝望着你——幾分鐘前，爸爸一人在書房看報的時候，一陣懊悔的浪潮淹沒了我，使我喘不過氣來，帶着愧疚的心，我來到你床邊。爸爸想到了太多的事情。我兒，爸爸對你太粗暴了！太苛刻了！

在你準備上學的時候，僅僅因你草草地洗臉，我便對你大聲斥責；你沒有擦乾淨你的鞋子，我又大發脾氣；而當你不小心把鞋油弄髒了地板，我便火冒三丈，對你大聲怒吼。

吃早點的時候，我又對你橫加挑剔，責怪你打翻盤子，吃東西狼吞虎嚥，把手臂支在桌上，在麵包上塗太多的奶油……你就在我飛濺的唾沫中走出家門。

爸爸急着去上班。在上了公共汽車後，你卻不知從哪裡鑽了出來，在車下向我招手深情高呼：「爸爸，再見！」我氣你不趕快去上學，對你又是瞪眼又是揮拳頭……

晚上，一切又重新開始。我在下班路上，看到你跪在地上玩彈珠，腳上穿的長筒襪已經磨破了好幾個洞。我立刻把你從地上拎了起來，當着你的小夥伴的面，把你押回家去，使你當眾受到侮辱。還對你大發雷霆：襪子是要花錢買的——如果你自己掙錢，你就會知道掙錢是多麼不容易的事了！你想，我兒，做父親的居然說這種話！

孩子，你還記得嗎？晚飯後，我在書房看報，你怯怯地走了進來，眼睛裡流露出委屈的目光。我對你的打擾極不耐煩。你在書房門口猶豫着，我終於忍不住吼了起來：「你又來幹什麼？！」這時你沒有說話，用迷惘的雙眼望着我，好像嚇壞了似的，怔了一會兒，你突然跑了過來，抱着我的頸脖吻我，眼裡噙着淚花。簡直不敢相信，我如此粗暴也沒有減少你對父親的愛。這種愛連上帝也會感動。接着，你用你的小手臂又緊緊抱我一下，便鬆開手，用你那淚光閃耀的大眼睛盯着我，嘴唇努了努，什麼也沒說，轉身輕輕地走開了。

孩子，我兒，你知道嗎？你剛離開書房，報紙就從我手中滑落到地上，一陣強烈的內疚和恐懼湧上我的心尖。我難過極了。習慣真是害人不淺。吹毛求疵和訓斥的習慣幾乎成了我表達父愛的方式。我的兒子，爸爸不是不愛你，而是對你的期望太高了。我以我自己的年齡尺度來衡量你。細想起來，多麼可笑！

而你本性中卻有那麼多的真善美，你小小的心靈，猶如高照群山的晨曦。你真摯的感情，從你的擁抱中表露無遺，也喚醒了爸爸的良

知。孩子，是我錯了，在這寂靜的夜裡，我來到你的床前，懊悔地跪下來了。

或許，這種愧疚永遠埋在我的心底。孩子，你還小，即使你醒着，也未必能聽懂爸爸給你說的這些話，一個父親深沉的愛和痛苦的愧疚……不過，從明天開始，我要做一個真正的父親——你和藹可親的爸爸，會同你一同歡笑，一同悲傷。倘若禁不住開口罵你時，我會咬住自己的舌頭，在心中告訴自己：「你只是一個孩子，一個小小的孩子罷了！」

過去，我總把你當作一個大人來看，然而此刻，我跪在你的床頭，凝視着你，你蜷縮着小小的身子睡着，睡着那麼甜美，在夢中微笑着，依然像個小天使似的。你在你母親的懷裡，小腦袋靠在她的肩上，彷彿只是昨天的情景。是的，你還是個眷戀着慈母愛撫的小孩子，我對你的要求，實在太多……太多了！

作者李文斯登‧勞奈德在寫完這篇短文以後，他的內心發生了深刻的變化。他認為「兒子的擁抱和親吻喚醒了我的父性，對兒子的摯愛改變了我的生活，改變了我對人生的看法」。他的內疚轉化成為強烈的父愛，父子間的關係變得其樂融融：

我不再對兒子大發脾氣，橫加指責，對兒子的調皮我視為活潑，對他的搗蛋我視為天真——我甚至容忍他把油彩塗在我的臉上，父子倆也是遊戲的夥伴……

他的夫妻關係也變得更加融洽了。李文斯登‧勞奈德的妻子看到

報上登載的短文後，回到了家裡，熱情擁抱。丈夫在妻子的耳邊輕輕地說：「是我們的兒子讓我記起我是一個父親。我是一個體貼兒子的父親，還是一個體貼妻子的丈夫。」

李文斯登‧勞奈德本人的性格也發生了很大的變化：

非常神奇，由於父性的覺醒，我的性情也變得開朗、豁達了，不再整天陰沉着臉。這種變化，甚至被事務所的同事覺察出來了。過去我把自己當作工作機器，所寫的辯護詞乾巴巴的，而現在我心存父愛，工作也變得有意義了。連撰寫的辯護詞也生動起來。

李文斯登‧勞奈德的家庭生活變得更加和諧、幸福了，他本人擁有了自己的律師事務所，他的妻子開了一家廣告諮詢公司，這正是她喜愛的專業，他的兒子是一個挺棒的棒球手，一家三口，其樂融融！

李文斯登‧勞奈德最後總結道：

過去我總認為，只要自己事業成功，家庭便會幸福美滿。而現在我發現，摯愛兒子，體貼妻子，家庭的和睦才是事業成功的基礎。不體貼的父親只是一個失敗的男人。

蘇霍姆林斯基曾這樣說：「每一個瞬間，你看到了孩子，也就看到了自己；你教育孩子，也就教育了自己。」認真地做一個好父親，將對自己的人生產生巨大影響。羅斯‧派克在《父親角色》一書中認為，「成為父親對孩子來說是件好事情，對男人來說也是件好事」。

他這樣解釋其中的道理：

　　父親影響孩子，但是父親自身也受到父親角色的影響。成為父親可以改變男人思考他們自身的方式。初為人父，有助於男人澄清他們的價值觀，確立優先考慮的事情。如果他們恰如其分地掌握要求和責任，那麼這也會增強他們的自尊心。反之，如果他們只表現他們的局限和弱點，也可能產生猶豫和沮喪。

　　曼林‧格林提出：「一個父親從孩子那兒習得的首批經驗是，他的需要可以與孩子的需要相匹配。孩子向他尋求指示，他也可能享受發佈指令的樂趣。孩子把他視作一個典範，而成為典範使他不得不慎重考慮自己的決策。如果他既用自己的眼光又用孩子的眼光來觀察他的壯志和成就，那麼對他來說成為父親這件事情看上去就會不同。」

　　學者約翰‧斯納里曾用縱向的研究方法跟蹤研究了一批男人[1]，考察男人參與育兒工作對他們自身發展的影響，結果顯示：父親角色的參與程度與他的工作和婚姻滿意度呈正比，如果父親為孩子提供高度的支持的話，當他們自己步入中年時，更可能享受愉快的婚姻。

---

[1] 羅斯‧派克：《父親的角色》[M]，遼海出版社，2000。

父親角色
讓男人重新體驗什麼是父愛

做父親是再次體驗父愛的另外一次機會。

如果一個男人在自己的父親那裡沒有體驗到真正的父愛，那麼在孩子身上他將有機會體驗什麼是真正的父愛。如果一位父親在小時候沒有享受過父愛，或者父愛有缺陷，那麼孩子是上天賜給這位父親的另一次機會。

父愛，讓一個男人有機會體驗什麼是真正的無私之愛，讓你有機會認識到：一個人的未來跟你如此緊密的聯繫在一起。「幼吾幼，以及人之幼」，這是愛的基礎。父愛不同於夫妻之愛。一個連自己孩子都不會愛的人，是不會愛別人的。父愛，是讓一個人體驗人生溫暖的絕好機會。

往往需要等到做了父親以後，男人才能真正地理解自己的父親，體會父愛的深沉。做父親，其實是一次讓自己重新理解自己父親的機會。

作家麥家以《解密》、《暗算》等小說揚名，2008 年獲得第七屆茅盾文學獎。他的經歷正好說明了這一點[1]：

高中時的麥家，曾經因為非常喜歡籃球和貪玩而成績每況愈下。當父親得知消息後，對麥家不求上進的表現痛恨至極。

寒假時，麥家剛一進家門，忍耐多日的父親便一把將他按在地上，

---

[1] 陳江、夏欽：《麥家：生子後才明瞭父愛深沉》[J]，《婚姻與家庭（社會紀實）》2009.7。

拳頭像雨點般砸下來。一邊打,嘴裡還不停地責罵道:「我讓你不爭氣,讓你以後再貪玩,看你以後長不長記性!」

麥家委屈極了,他邊哭邊為自己辯解着。看到兒子頂撞自己,父親索性撿起地上的繩子往麥家身上一套,將他吊在橫樑上,揮起大拇指粗的魚竿「啪」的一聲打下去,魚竿折成了兩截,他又拿起折斷了的魚竿狠勁地向麥家身上猛打。「啪啪」的抽打聲引來了很多鄰居,卻沒有一個敢上前去勸阻,包括麥家的母親。任憑父親怎樣打,倔強的麥家就是不吭一聲,他只是感到自己的眼皮越來越沉。

後經母親和鄰居勸阻,父親才停手。生平第一次被父親如此暴打,麥家的心在滴血,一個難解的心結從此在他心裡畫上了重重一筆。劇痛之下,他暗自發誓,這輩子再也不理父親了!這次毒打讓麥家明白了一個道理:一個學生學習不好,就會被人瞧不起,就會沒有好的前途。醒悟過來的麥家開始發奮讀書,他的成績一點點上升,但他對父親的怨恨卻一點也沒減輕。每次從學校回到家後,麥家從不主動和父親說話,而對父親的噓寒問暖,他採取了一問一答的方式來敷衍。

1981年,麥家以優異成績考入大學,面對父親的激動,麥家卻沒有多少回應,轉身就走,只留下父親的歎息聲。在讀軍校時,思念親人給家裡寫信時,他特意將稱呼寫成「親愛的媽媽、爸爸⋯⋯」,父親很痛心,特意請人代筆,寫了一封很長的信:「兒子,也許我錯了,自從那次打了你後,我們的交流少了,我知道你對我懷有恨意。其實愛有不同的方式,你長大後會明白的⋯⋯」收到信後,麥家有一絲絲感動,但這種感動轉瞬即逝。

　　讀軍校時，春節回家，麥家買了很多禮物，給母親從頭到腳買了一套新衣服，卻一件也沒給父親買。父親扭過頭，什麼也沒說，拖着沉重的步履獨自朝自己的房間走去。一旁的母親忍不住哭了……麥家和父親間的那道牆仍難以在短期內拆除。

　　等到麥家做了父親之後，他才真正開始瞭解父親。

　　一年夏天，淘氣的兒子剛入學就與同學發生爭執，還打了同學。老師把麥家叫到學校：「你兒子很調皮，成績也不好，得管教管教了，不然將來會沒出息的！」

　　回家後，麥家非常生氣，一把將兒子拉到跟前，甩手就一巴掌。這巴掌很重，兒子的鼻血頓時流了出來。看着殷紅的鮮血流在兒子稚嫩的臉上，麥家呆住了，他不敢相信，自己究竟怎麼了？為何對兒子出手這麼狠？兒子沒哭，而是狠狠瞪了麥家一眼！接下來的幾天，兒子都不理麥家，情形猶如當年麥家不理父親。兒子越不理麥家，麥家越受煎熬，越覺得對不起父親。這才幾天，自己就難以忍受了，這些年，父親是怎麼過來的？他所受的煎熬誰能體會？

　　麥家徹底理解了當年父親的「巴掌之愛」。他覺得自己應該當面向父母道歉。那年春天，麥家回家探親，在飯桌上，麥家哽咽地向父親說：「爸，都是兒子不好，不該跟你慪十幾年的氣，兒子不孝啊！」父子倆終於冰釋前嫌。

　　為了照顧年邁的父親，成名後的麥家依依不捨地告別了生活和工作了十幾年的成都，調回家鄉杭州，他希望趁父親健在，多陪陪父親，盡盡孝心。

小時父親缺席，老時孩子缺席

如果把父愛看作一種「投資」，那麼這是一種回報週期較為漫長的「投資」。在孩子小的時候，如果父親盡心盡力付出，那麼當父親踏上人生的後半程時，他將收到特別豐厚的「回報」，他將獲得孩子盡心盡力的關愛與照顧，而這是其他任何一種關係都無法替代的。如果父親在孩子小時缺席，孩子則可能在父親年老時缺席。

這一點在喬布斯對生父和養父的不同態度上表現得特別淋漓盡致。喬布斯出生的時候生父遺棄了他，給他造成了很大的精神創傷，即使他知道生父是誰，還曾見過生父，但他都不願意相見和相認，一直到死都沒有原諒他的生父。在他的心目中，生父只是一個冷冰冰的「精子庫」而已。生父在他生命中缺席，喬布斯也選擇在他的生命中缺席。他的養父——他心目中的唯一父親在他成長的過程中給予了他無條件的接納，接納了他的獨特和叛逆，減緩了他被遺棄所帶來的精神創傷，讓他有機會成為改變這個世界的少數幾個人。父親在喬布斯的成長過程中付出心力，喬布斯也盡心盡力地讓父親安度晚年。

喬布斯本人為父的經歷同樣說明了這一點。女兒麗薩出生時，年僅 23 歲的喬布斯選擇遺棄了她，當時他不願和孩子扯上任何關係。幼時的麗薩與母親布倫南一起，靠政府救濟金生活，窮困潦倒。當布倫南母女倆把喬布斯告上法庭，要求其盡撫養義務時，喬布斯拒絕承認父女關係。當親子鑒定判定女兒麗薩與喬布斯有親緣關係時，法庭據此判定喬布斯要支付撫養費並歸還政府救濟款時，他仍然耍賴，歪曲事實，不願負責。即使最後承認了父女關係，在麗薩

小的時候，喬布斯仍然不願見她，在她生命的前十年，喬布斯基本上對她棄之不顧。

即使後來喬布斯改變了對女兒麗薩的態度，還是沒有根本上緩和父女關係，因為已經太晚了。

女兒麗薩與喬布斯的關係一直比較緊張，尤其是麗薩上了大學之後，在家裡經常與父親爭吵。有時候，爭吵得太厲害了，喬布斯會使用經濟手段——停掉經濟資助，女兒卻毫不示弱，沒錢花時就向喬布斯的朋友們借。喬布斯知道後對此非常憤怒，但還是無可奈何，乖乖地替她還錢。女兒在哈佛大學畢業時，壓根都沒請喬布斯去參加畢業典禮。大學畢業之後，女兒曾經有好幾年沒有跟喬布斯説話。直到2011年，在喬布斯生命垂危之際，一年多都沒有聯繫的麗薩才去來看他，父女關係才算和解。

當喬布斯第二次當父親時，他成為了三個孩子的父親，一個兒子、兩個女兒。他很幸運！他的父性算是終於覺醒了，他真心地付出了，也獲得了豐富的回報，他成為了一名好父親，也享受到了為人父親的幸福。

喬布斯與兒子里德的關係很親密。對於兒子的學校活動，工作再忙的喬布斯都會想方設法出席。兒子里德高中畢業典禮時，喬布斯非常興奮，簡直是高興得找不着北了，在給朋友的郵件中説：「今天是我最快樂的一天。里德就要高中畢業了，就是現在。我把一切雜務都拋開了，就在現場。」

對於女兒埃琳和伊芙，喬布斯好像顯得冷淡一些。但他與女兒們的關係還算不錯。大女兒埃琳理解他的忙碌：「他既要做父親又要做

蘋果公司的 CEO，已經盡了全力，而且還兼顧得不錯。」「有時候我也希望能得到他更多的關注，但是我知道他的工作非常重要，而且我覺得那很酷，所以我沒問題，我也不太需要更多的關心。」

喬布斯曾答應過每個孩子：13 歲以後都可以自己選擇一個心儀的地方讓老爸陪着旅行一次。13 歲時，大女兒埃琳選擇了日本京都，但由於當時喬布斯已身染重病，旅行時間一再向後推移。最後，喬布斯還是硬擠出時間，忍着病痛和牙痛，兌現了自己對女兒的承諾。

小女兒伊芙很會跟喬布斯搞關係，經常直接給喬布斯的助理打電話，確保她的事情放在父親的日程表中。喬布斯認為小女兒有點像自己，「她是個炮筒子，比我見過的任何孩子都要倔強」。

通過分析喬布斯的經歷，我們不難發現，當初喬布斯的生父沒有盡到為父的責任，因此喬布斯至死都不願意見自己的生父。養父盡心盡力地盡到了父親的責任，雖然沒有血緣關係，喬布斯仍然把他看作自己真正的父親。在女兒麗薩小的時候，喬布斯幾乎沒有盡到為父的責任，導致後來他與女兒麗薩之間關係緊張、冷漠。在第二次當父親時，喬布斯的真心付出使他成為兒女們心目中的好父親。我們可以作出這樣的推斷：老年時的父子、父女關係取決於孩子幼時的關係和狀況。父親拒絕情感投入，孩子將來贍養老人時往往也不會投入太多感情。你希望孩子將來如何對待你，那麼你就如何對待孩子。你現在怎麼對待孩子，孩子將來就怎麼對待你。如果你拒絕跟孩子的心靈進行情感溝通，將來孩子也不會跟你心貼心。這絕不是報復，而是子女一種本能的反應，因為他們從小就沒有學會與父親進行情感溝通，長大以後對此他們也不習慣。

第二章

如何
做個好父親？

1919 年，魯迅先生作了《我們現在怎麼做父親》一文，勸告父親們「應將這天性的愛，更加擴張，更加醇化；用無我的愛，自己犧牲於後起新人」。他認為一個好父親有三個方面的要求：理解孩子、指導孩子、解放孩子。

　　聯繫到我們前面所提到的許多父親，九十多年後的今天，這個問題仍然值得天底下的父親們思索和探討⋯⋯

1. 父親完全有能力勝任養育任務

　　有許多人認為父親往往因為不會照看孩子而忽視了自身的教養責任，這經常成為一種藉口，看上去也好像有些道理，但心理學研究顯示：當孩子還是嬰兒時，父親就完全有能力勝任教養責任。

　　心理學家安‧弗羅迪等人利用生理指標（心率和血壓）來瞭解父親和母親對嬰兒行為的敏感性[①]，他們發現，父親和母親對嬰兒的啼哭或微笑的生理反應是一樣的。父親與母親一樣能夠區分出來不同嬰兒的啼哭聲。研究還發現：男人和女人同樣能夠分辨不同的啼哭類型。

　　羅斯‧派克曾對父親對新生兒的反應進行研究，結果發現，對嬰兒發出的信號，父親會像母親那樣善於反應。母親和父親對嬰兒的信號的反應差不多：與嬰兒進行更多的交談，更多地接觸嬰兒，並且在嬰兒發聲後更加密切地注視嬰兒。不過，父親與母親反應的方式有所不同。羅斯‧派克認為：雖然父親和母親對新生兒的信號反應有所不

[①] 羅斯‧派克：《父親的角色》[M]，遼海出版社，2000。

同，但是父母雙方都能以一種敏感的和功能性的方式對新生兒的暗示做出反應。他還總結說：父親不僅能夠辨認嬰兒發出的信號，而且還能適當地利用這些信號來引導自己的行為。

　　測量父母能力的最佳方法是看他們如何敏感地解釋嬰兒的暗示和信號，並據此做出反應，羅斯‧派克與合作者的研究發現，父親對嬰兒發出的信號所作的反應與母親一樣敏感，並隨時做出反應。父母之間存在的唯一差別是：當嬰兒發出信號表示不悅時，父親不像母親那樣會用接觸方式去刺激嬰兒。

2. 父教：慈愛與管教缺一不可

　　有一些父親對孩子往往充滿了無限的溫情與關愛，不管孩子的要求是否正當，都予以無條件的滿足，不管孩子的行為是否適當，都予以無條件地許可，他們認為這就是好爸爸的標準。

　　當然，還有一些父親對孩子過於嚴厲，總是板着臉，總是挑孩子的錯，他們既不知道也不願意表現出對孩子的關愛。這樣的父親，在孩子眼裡，往往是冷冰冰的，缺少溫情與關愛，父親與孩子的距離往往也非常遠。許多父教之所以出現問題，不外乎是兩個原因：一是過度關愛，缺少管教；二是管教過度嚴厲，缺少關愛與溫情。

　　第一種類型的父親，歌唱家李雙江算一個典型。兒子暴力毆打他人最後被收容教養一年的事件被新聞媒體披露以後，我們曾專門搜集了李雙江夫婦教育兒子的資訊，想瞭解是什麼使這個年僅 15 歲的男孩如此張狂。根據所搜集的資訊，我們認為：李雙江夫婦的縱容溺愛可能是兒子如此張狂暴力的重要原因。

　　李雙江屬於老來得子，兒子 1996 年出生時他已經 57 歲了，他早已成名成家，優越的社會地位和物質條件使溺愛成為可能。2007 年在

一次接受採訪時，當被問及平時教育孩子時會不會打孩子時，李雙江當即予以否定：「不打，捨不得，有時真想打，但不能打；勸說，我們嚇唬一下。還沒有打，自己的眼淚先掉下來了。作為父母希望孩子上進，玩是孩子的天性，沒有辦法。」

不到法定駕車年齡的兒子從小就喜歡汽車，李雙江就讓他玩車，他可不是假玩，而是真玩，玩的可不是一般的汽車，而是一輛改裝的寶馬汽車，車內放有人民大會堂的臨時車證，八九個月間就有 32 起違章記錄。正是這種縱容式溺愛，阻礙了兒子的規則意識，及他對外在世界的正常認知，養成為唯我獨尊的性格，稍有不如意就動手打人。

一位負責任的好父親最重要的品質有兩個，一是愛，即理解和尊重，給孩子自由；另一個是管教，教給孩子規則。一個好的父親是嚴慈相濟的，自由與規則是不可偏廢的。前蘇聯教育家馬卡連柯說過：「父親對於子女的愛如果不夠，子女會感到痛苦，但過分的溺愛，雖然也是一種偉大的情感，卻會使子女遭到毀滅。」

把理解和尊重與嚴格管教作為好父親最重要的兩個基本品質，是有充分的心理學依據的。在父母教養方式方面的權威心理學家鮑姆令特認為，教養方式包括兩個重要方面：接納／反應和命令／控制。

所謂接納／反應，即我們平常所說的「關愛」，是指父母對孩子充滿溫情，願意為孩子提供支援與鼓勵。「關愛」的程度有高低之分，高「關愛」的父母往往對孩子充滿溫情，經常對孩子露出微笑，更多的表揚和鼓勵孩子。低「關愛」的父母往往對孩子沒有太多興趣，經常輕視、批評、懲罰孩子。

所謂命令／控制，即我們平常所說的「管教」，是指父母對孩子

限制和控制的程度。「管教」也有高低之分，高「管教」的父母會嚴格要求孩子，並通過密切監控使孩子的行為符合父母的規則。低「管教」的父母往往對孩子的行為很少監控，對孩子沒有什麼要求和限制。

心理學家們根據這兩個品質，把父母的教養方式劃分為四種類型：

權威型教養方式：這是一種對孩子既充滿關愛又嚴格管教的教養方式。

專斷型教養方式：這是一種過度管教但缺乏關愛的教養方式。

縱容型教養方式：這是一種對孩子過度關愛但缺乏管教的教養方式。

忽視型教養方式：這是一種對孩子既缺乏關愛又缺乏管教的教養方式，其特點是忽視孩子，往往對孩子不管不問。

哪種教養方式對孩子最好？美國研究者進行了很多研究，下面就是其中兩個大規模的研究[①]：

第一個研究是，道恩布希等人對美國聖法蘭西斯科海灣地區 7836 名中學生的父母教養方式與學業成就的調查，結果發現：父母屬於專斷型和縱容型教養方式的，孩子的成績比較差，父母屬於權威型教養方式的，孩子的成績比較好，而且這種聯繫跟父母的性別、年級、受教育水平無關。

第二個研究是，蘭姆鮑恩等人對 4100 個擁有 14 至 18 歲青少年的家庭所進行的調查，結果顯示：父母屬於權威型教養方式的青少年

---

① 許志星：《父母教養方式的特點及其與青少年人格五因素、社會適應間的關係》[D]，北京師範大學碩士論文，2011。

在心理社會發展方面的得分最高，在心理與行為適應不良方面的測量得分最低；父母屬於忽視型教養方式的青少年的情況則與權威型家庭青少年的情況相反。父母屬於專斷型家庭教養方式的青少年在對父母要求的遵從、服從方面的測量得分最高，但相對於其他青少年來說，其自我概念水平較差。父母屬於縱容型家庭的青少年雖具有相當的自信水平，但是酒精及藥物濫用、學校不良行為及逃學的發生頻率則相對較高。

在以上四種教養方式當中，心理學家研究發現，權威型教養方式是最理想的，在這種教養方式下長大的孩子，既能享受到父母的關愛，又能得到父母的約束與教導。來自父母的關愛讓孩子感受到溫暖與接納，這種關愛往往使孩子自願地服從父母的管教。來自父母的管教往往可以幫助孩子反思自己的行為邊界，學會如何進行自我控制，讓自己的行為符合父母的要求和社會的外在規則要求。父母的管教是以尊重孩子人格尊嚴為前提的，給孩子留下了較大的獨立思考空間，這往往會提高孩子的自我控制能力。在這種教養方式下長大的孩子，往往學習成績較好，人際關係較佳，有良好的自立能力、較高水平的自尊以及較為健全的人格。

3. 認清父親的優勢

在教育子女方面，父親有着母親無法替代無法比擬的優勢。心理學家弗洛姆就說過：「儘管父親並不代表自然世界，他卻代表着人性存在的另一極——思想的世界、人造物的世界、法律和秩序的世界、紀律的世界、旅行和冒險的世界。父親角色對孩子一生的心理健康和成長有着非常重要的影響。」我們認為，在教育孩子方面，父親至少有下面三大優勢。

▌父教是性別之育

父親是一位男性，母親是一位女性，這種最為顯著的性別差異使父親在孩子的性別形成和塑造過程中發揮着不可或缺的作用。

一個健康的父親角色的存在對男孩的性別塑造更是必不可少的。父親是男孩的第一個也是最重要的男子漢榜樣，男子漢氣質就是順着父親這座橋樑由父親向兒子傳遞的。父親對男孩性別角色的形成、性

別行為的塑造以及性別社會化的完成發揮着至為關鍵的影響。

男孩對男性的認識，是從父親開始的。從父親身上，男孩學習如何舉手投足，如何待人接物，如何關愛女性。每個父親都很容易從男孩身上發現自己的影子，每個兒子長大以後也會發現自己越來越像父親。

研究發現，充滿男子漢氣概的男孩，其父親的教養行為往往是果斷的、支配性的。相反，如果父親在家裡是軟弱無能的、母親具有支配性的，那麼，男孩對男性的性別認同就會受到嚴重傷害，男孩會表現出過多的女性化氣質。模仿是男孩性別角色形成的基本途徑。父親提供一種男性的基本模式，男孩通過觀察與模仿學習男人如何待人接物，如何處理問題。

心理學家麥克‧閔尼的研究結果指出：與那些一星期內接觸父親不到六小時的男孩相比，每天與父親接觸不少於兩小時的男孩，更有男子漢氣質，他們所從事的活動更開放，他們更具有進取精神，也更願意去冒險。還有研究證實[1]，男孩在四歲前失去父親，會使他們失去雄心和攻擊性，在性別角色中傾向於女性化，往往喜歡那些非軀體對抗性、非競賽性的女性化活動。

父親是男孩的玩伴，習慣用男性特有的力度和行為風格對男孩產生特殊的吸引力。美國心理學家謝弗研究發現，在遊戲中，父親會嚴格地按照社會所規定的性別角色標準來要求男孩玩那些適合其性別的

---

① 莫建秀：《學前兒童母親教育素質及其開發研究》[D]，華東師範大學碩士論文，2007。

遊戲，否則，父親往往會懲罰男孩，這使得男孩更好的習得了男性的角色和行為模式。

　　父親對女孩的性別角色塑造同樣十分重要。父親是女孩的第一個也往往是最重要的男性朋友。女孩的性別形成過程中，第一個途徑是母親，這個途徑是直接的，主要是通過對母親的模仿；另外一個途徑就是父親，這條途徑是間接的，主要通過父親這個異性接收資訊反饋。

　　美國父親角色研究的專家羅斯·派克認為：由於父親往往以更加鮮明的、更加差異化的方式與女兒互動，父親在孩子的性別角色發展中比母親起着更為關鍵的作用。在女孩很小的時候，父親往往比母親更加鼓勵女孩去從事那些符合傳統性別角色的活動，比如玩布娃娃等等。在這個過程中，女孩往往會根據父親的指導調整自己的行為以符合自己的女性角色。父親欣賞的性別行為往往就會被保留下來，父親不予鼓勵的性別行為往往就會慢慢消失。父教缺失同樣會對女孩的性別角色形成造成混亂。缺乏來自父親的資訊反饋，女孩往往就會對自己的性別角色感到困惑，在與男性打交道時，也不知道如何表現自己，表現出更多的焦慮。

父教是規則之育

　　孩子的成長是一個逐漸社會化的過程，剛剛出生的嬰兒是完全沒有規則意識的，他可以自由地吃喝拉撒睡，一旦需要得不到滿足，往往以哭叫的方式來自由表達。隨着孩子的發育，孩子開始跟外部世界

發生更多聯繫。大約兩週歲時，孩子就需要一定的規則指導，以現實的、符合社會要求的方式來滿足自身的需要。這時候，父母需要根據孩子的理解水平逐漸給孩子立規矩，瞭解社會規則、道德原則、風俗習慣以及行為規範。兒童成長的過程是一個規則意識逐漸形成，規則行為習慣化的過程。

「沒有規矩不成方圓」，我們的家庭乃至整個社會都是由規則構成的。一個有規則意識的孩子才能融入社會，適應社會，為這個社會所接納，才有施展抱負的空間，才有成功的可能。那些違法犯罪的青少年往往都是一些規則意識沒有建立起來的青少年，當他們的個體需求得不到滿足時，不是調整自己，而是以身試法，最後鋃鐺入獄。

在孩子規則意識和規則行為形成的過程中，父親扮演着更為重要的角色，父親往往被看作為孩子的規則來源。心理學大師弗洛伊德曾説，孩子眼中的父親是集法律、約束力、威嚴、權力於一身的超人。父親在孩子眼裡往往是社會秩序和紀律的象徵，孩子對父親是既敬又怕的心理，並且在此心理上模仿父親，認識社會道德規範。

著名心理學家弗洛姆也認為，父親的世界是「法律和秩序的世界、紀律的世界」。在生活中，我們也不難發現，母親會表現出更多的包容，父親更喜歡給孩子立規矩。如果連父親都不捨得給孩子立規矩，那麼就沒有人給孩子立規矩了。李雙江的兒子無照違法駕車並毆打他人的事情，就是典型的沒有規則意識的行為，而這正是李雙江對孩子缺乏管教沒有給孩子立規矩所造成的。

讓孩子認識規則、瞭解規則並遵從規則行為，有時候看起來像一種限制，但實際上這是一種重要的保護。有一項研究，是想瞭解小孩

子在設有籬笆還是在未設籬笆的遊樂場遊戲時比較守規矩[①]。研究結果表明：小孩子在未設籬笆的遊樂場，會比較沒有安全感，他們所到的場地範圍較小，大都擠在遊樂場中央。有籬笆的保護時，孩子遊戲的範圍更大，一直延伸至籬笆的邊緣。

父教是運動之育

男性天生比女性有更高水平的運動潛能，這是人類長期進化的自然結果。運動是男性的天性，男性體內的肌肉運動水平更高，男孩體內澎湃着更高水平的雄性激素，這些都使得男性比女性更喜歡運動。因此，父親在發展孩子的運動興趣、提升孩子的運動能力方面往往具有母親無法比擬的作用。從下面兩位父親和兩個孩子身上，我們將會看到這種作用體現得特別明顯。

一位是康康，他曾經是中央電視台體育頻道的節目主持人，現為駐外記者。他的父親康健是我（孫雲曉）的好朋友。

康健是北京大學教授、原北大附中校長，他的兒子康康出生時，體重只有 5.2 斤，令父母有些失望。於是，康健決定實踐他獨特的「健康第一、體育為主」的家教方針。

① 凱文‧李曼：《愛女兒，愛爸爸》[M]，四川大學出版社，2007。

之所以把體育作為頭等大事，康健說：「原因有兩個，一是我的父母是醫務工作者，他們認為健康是一切的基礎，所以給我起名叫康健，反過來就是健康。在父母的薰陶下，我從小就養成了良好的衛生習慣，並熱衷於戶外活動。二是我很早就讀過洛克的《教育漫話》，他在教育理論中突出強調的特點是關注人的健康。給我印象最深刻的是，那個時代的人都意識到，無論做什麼工作，最重要的是良好的身體素質。」

　　從兒子剛會走路到初中畢業的十幾年裡，康健每天都帶兒子進行至少一小時的體育鍛煉，從未間斷。當兒子入學以學習為主要任務後，堅持運動碰到了不少阻力。可是，康健依然認為，還是體育最重要。他說，提早為孩子在智力上做選擇，也就是學習琴棋書畫等特長並不明智，應讓孩子長大後自己選擇。

　　康康上小學高年級時，快放寒假了，學校裡有兩個訓練班活動，一個是專業足球班，另一個是奧數班，康康只能選擇一個。康康喜歡數學，也很喜歡足球，但他沒有勇氣到足球班去，因為足球訓練強度很大，而且要住宿。這時父母的態度就很重要。

　　康健知道孩子在體力方面不如別人，但他想讓孩子經受一下磨練，知道普通人和專業運動員的差別。於是，康健鼓勵孩子上了足球班。那個假期至今令康康難忘，因為那是他經歷的最艱苦的日子，每天從早到晚，都在進行高強度的訓練。從那以後，康康覺得自己比以前更勇敢了。

　　康健發現長期進行體育鍛煉對康康的智力發展大有好處。雖然，康康用在學習上的時間少於別人，但學習成績總是名列前茅，原因在

於精力旺盛，聽課專心，作業完成速度快。即使偶爾失利，也充滿自信。後來，身高 1.80 米的康康，成為清華大學物理系的學生。他興趣廣泛，體格健壯，狀態良好。

另外一個例子是李紅，她是國際奧委會駐中國首席代表。她喜愛運動的習慣又成就了她的人生，用她自己的話說：「自己是一路『跑』進國際奧委會的」——她從天津跑到清華，又從清華跑到哈佛，最終跑向神聖的奧運殿堂，既收穫了夢想與成功，又收穫了一個幸福的家庭。她把這一切都歸功於父親，是父親的督促和鼓勵讓她喜歡並且養成跑步這個好習慣的[①]。

李紅出生在天津一個普通的知識分子家庭，身為大學教授的父親認為，長跑是鍛煉健康體魄、培養堅毅品格的最佳課程。

六歲生日前一天，父親告訴李紅：「紅兒，明天是你的生日，爸爸要送你一件特別的禮物。」李紅一聽，高興極了。第二天早上，李紅被父親從被窩裡拽起來領到馬路上。原來，父親送給她的禮物是陪他一起跑步。從六歲開始，李紅的父親每天早上都帶着她晨跑。有時候，父親騎着單車陪她跑。在李紅最累的時候，他總是嚴厲地不允許女兒停下腳步。這一跑，就是 13 年，李紅就從小學一直跑到了高中畢業。

---

① 劉曉：《奧運首席代表李紅：用智慧經營事業和婚姻》[J]，《婦女生活》，2008.9。
漁樵、耕讀：《李紅，與奧運同行：國際奧委會駐華首席代表李紅的婚姻和家庭》[J]，《家庭生活指南》，2008.6。

天津人都熟知的水滴體育館所在地，就留下了李紅兒時跑步的足跡，那時候家是起點，這裡是終點，兩者相距三公里，她每天早晨奔跑往返於其間，從小學一直跑到高中畢業。運動給李紅帶來的不僅僅是良好的身體，還有不斷挑戰自我、戰勝自我的喜悅。

　　1986 年，帶着學習尖子和體育尖子這兩頂帽子，李紅順利地考入了清華大學土木工程專業。從那以後，每天下午四點，李紅都會停下手頭的功課衝上操場，開始雷打不動的跑步鍛煉。在清華的幾年，李紅一直是學校體育代表隊女子 400 米、400 米欄、4×400 米接力的主力運動員。五年大學生活，李紅收穫的不僅是扎實的專業知識，還有「400米女王」的稱號。

　　她一路跑進了哈佛大學的校園，在哈佛校園，她每天仍不忘跑步。在跑步的時候，她的身邊不知什麼時候多了一個男生，他們互生好感，由相識到相愛，熱愛運動的她認識了同樣熱愛體育的老公。

　　自從 2001 年 7 月北京成功申辦 2008 年第 29 屆奧運會以來，國際奧委會就一直在尋覓一個人。這個人必須同時符合三個條件：第一，必須是中國人，會講中國話，在中國出生；第二，要在美國受過教育，要有在美國大公司工作的經歷；第三，要熟悉歐洲的文化——因為國際奧委會總部設在瑞士洛桑。這個人將在未來的幾年內，擔負起國際奧委會北京 2008 代表處首席代表這一要職。李紅正好符合這三個條件。她順利地成為國際奧委會駐中國首席代表，為 2008 北京奧運會的順利舉辦作出了貢獻。

4. 把父親的優勢轉化為孩子的優勢

▌培養
雙性化的孩子

今天是一個性別角色有些混亂的時代，男孩女性化、女孩男性化，還有所謂的中性化，這正以前所未有的速度與方式混淆着社會大眾對性別的認識和理解。許多父母無所適從，到底應該是中性化、無性化還是雙性化，每一種說法好像都很有道理。許多專家都主張「雙性化」教育，我們也認為這是一種較為理想的教育模式。那麼什麼是真正的雙性化教育？雙性化教育是中性化嗎？許多父母對此感到迷惘與困惑。

我們贊同雙性化的教育，研究表明，雙性化的孩子的社會適應能力更好。但是，我們需要特別明確一下雙性化的真正含義。讓我們先來看一下「雙性化」理論的真正起源[1]：

---

[1] 李立娥：《國內外「雙性化」教育研究述評》[J]，江西社會科學，2007.6。

20 世紀後半葉，隨着社會進步和婦女運動的發展，人們力求縮小男女性別的差異。由於生理差異是先天的，所以人們試圖通過改變社會性別來提高婦女的地位。為此，一些專業心理學家「一方面十分注重女權運動者的熱情，但又擔心單純的政治熱情沒有多大的說服力，總想用心理實驗來說明兩性心理差異的意義」。

　　1964 年，羅西第一次正式提出「雙性化」這個新概念，針對傳統的「單性化」，她認為「個體可以同時擁有傳統男性和傳統女性應該具有的人格特質」。「雙性化」研究最具代表性的人物——美國心理學家桑德拉・本姆，在 1978 年宣稱其研究目的是「使人類個性從個體的性別角色刻板形象的束縛中解脫出來，形成健康的心理概念，從文化強加給男性化、女性化的限制中解脫出來」，並開始進行一系列實證研究。

　　因此，從雙性化理論的起源來看，它本來是一個與性別刻板印象（性別歧視）作鬥爭的理論。根據本姆的雙性化理論，一個人的性別傾向可以分為四種：男性化、女性化、雙性化和中性化。雙性化理論認為雙性化是一種最為理想的性別模式，它集合了男性和女性的性別優點，雙性化個體在各種條件下比性別典型者（男性化、女性化）做得更好，在心理健康、自尊、自我評價、受同伴歡迎、適應能力等方面都優於單性化者。本姆認為：「中性化」可以說是「無性化」，是社會性別中最不突出的一類群體，沒有顯著的男性氣質和女性氣質。

　　因此，本來是個很好的理念——男女相互學習，有助於男女兩性擺脫傳統文化對性別的束縛，但「雙性化」卻被許多人誤讀為「中性化」，被扭曲了，被學過頭了，有些「走火入魔」，結出男孩女性化、

女孩男性化的惡果。在此誤導之下，男孩變得越來越陰柔，越來越「娘娘腔」，而陽剛則日漸遠離。女孩變得越來越剛強，越來越「假小子」了，女性特有的溫柔也越來越稀少了。

我們已經知道，在孩子的性別角色塑造上，父親往往比母親發揮着更為重要的作用，父親的教養方式、教養行為往往具有更為鮮明的性別特徵。在這個性別角色有些混亂的時代裡，父親對孩子性別角色的塑造顯得愈加重要。

培養
喜歡體育鍛煉的孩子

古希臘有句格言：「如果你想強壯，跑步吧！如果你想健美，跑步吧！如果你想聰明，跑步吧！」

體育鍛煉是我們增強體質提高健康水平的重要途徑。世界衛生組織（WHO）總幹事馬勒博士曾一針見血地指出：「必須讓人們認識到，健康並不代表一切，但失去健康，便會喪失一些東西。」

對於在生長發育過程中的兒童和青少年，體育鍛煉的重要性更是無與倫比，因為兒童和青少年時期是身體迅速發育和成熟的時期，是體質發展的「關鍵期」，是身體形態、力量、耐力、速度和身體協調性的「敏感期」。

當代中國孩子的體質卻令人感到十分憂慮。我們在寫作《男孩危機?!》時，中國男孩的體質狀況已讓我們感到震驚：隨着我們物質生活條件以及由此帶來的營養衛生條件的改善，男孩的體質不升反降，

從 1985 年起，他們的體質在持續下降，肺活量變小了，跑得更慢了，耐力更差了，這既影響了中國男孩的體質，又危害到了他們男子漢氣概的塑造。2010 年，在寫作《女孩危機?!》一書時，我們發現中國女孩的體質也在持續下降，這種下降已經危害了民族的素質，因為大多數女孩還要承擔生養後代的重任。

與母親相比，父親更喜歡運動。作為男性，父親具有先天的體能優勢和更大的運動潛能。與孩子交往時，父親和母親有着不小的差別，母親更多的是與孩子進行身體接觸和語言交流，父親則更多是通過身體運動和孩子進行遊戲交流。在培養孩子的運動興趣、運動潛能，增強孩子的身體素質方面，父親應發揮自身優勢，培養喜歡運動、擅長運動的孩子。不管是男孩還是女孩，都能從喜歡運動的父親那裡獲益良多。

在這方面，我（孫雲曉）做得不夠好，女兒也沒有喜歡上運動。在我（孫雲曉）與網友進行每月一次的聊天或微訪談時，常有網友問我的家教得失是什麼？我坦言：「最大的失敗是忽略了培養女兒的運動習慣。」

客觀說來，我並不是一個運動型的人，除了游泳和旅行以外，幾乎沒有什麼體育愛好，更不具備運動特長。進入中年以後，為了健康，我堅持爬山和散步，並漸漸成為一種習慣。可是，每次當我約女兒登山，女兒都乾脆拒絕了，說：「登山？多沒勁呀！」所以，在日本爬黑姬山時，她雖然堅持下來，卻累得死去活來，險些打了退堂鼓。

我回憶往事發現，雖在女兒幼年時送她進過游泳班，卻未能堅持長久，而別的運動更是很少問津。久而久之，女兒與我一樣，習慣了

安靜地讀書寫作，而不習慣運動。

每逢大考，如有體育項目，都成了女兒的難關。這時，她只好「臨時抱佛腳」，拉我陪她練仰臥起坐、立定跳遠和長跑。一次，她站在沙坑前，想着 1.80 米的距離，感歎説：「天呀，這麼遠？鬼才能跳過去！」

其實，女兒有運動潛能，經過苦練，1.80 米也跳過去了。但是，一旦通過考試，她便把運動置之腦後。

我（孫雲曉）注意到有一項研究成果認為，一個人如果在童年時期不愛運動，長大了很難養成運動習慣，這對生命的質量顯然會有不利的影響。我很慚愧，女兒沒養成運動習慣，這與父親的失職有關，因為在孩子的體育方面，父親具有特別重要的責任。

要讓孩子喜歡運動，父親首先要以身作則，為孩子做出很好的表率和示範作用。在前面我們提到的李紅，就是爸爸小時候一起陪着跑步，一路跑進國際奧委會的。著名乒乓球運動員鄧亞萍的父親鄧大松一生酷愛乒乓球，年輕時是河南省隊的主力，拿過中南五省男子單打冠軍，退役後在河南省隊執教，曾任男隊主教練。鄧亞萍喜歡上乒乓球，並最終登上了世界冠軍的寶座，他父親的影響和教誨功不可沒。

父親要引領孩子喜歡上體育鍛煉，不妨嘗試以下做法：

第一，從興趣入手。興趣是最好的老師。如果孩子最初對某項運動有興趣，那麼再好不過了，以此興趣為基礎，循序漸進地進行體育訓練就可以了。如果孩子對運動沒有興趣，那麼父親就要多動一下腦子，要根據孩子的體質和性別特點選擇那些可能適合孩子的體育鍛煉項目。在最初的嘗試過程中，選擇那些難度較小的活動，讓孩子在活

動中慢慢發現樂趣。如果孩子對運動產生了興趣，父親往往就成功一半了。在此過程中，父親應注意到：最初的目標是讓孩子喜歡上運動，這是最重要的目標。

第二，引領孩子進行科學的鍛煉。孩子產生了對運動的興趣以後，就要進行科學的鍛煉。先從一次比較完整的正規的鍛煉做起。一次完整的體育訓練可以分為運動前、運動中和運動後三個階段。運動前，即運動準備階段。人體從安靜狀態進入到運動狀態需要一個過渡階段，即準備階段，其目的是為了提高大腦皮層神經系統的興奮性，以協調各器官系統的工作，為劇烈的運動和比賽做好準備。準備活動的形式可以多種多樣，如一些基本體操、慢跑以及有趣的遊戲。有時還需要做一些專門性的準備，使人體能夠適應特定訓練項目的要求。

運動中，即運動進行階段。剛開始運動時，速度要慢一些，力量要小一些，達到最佳的運動強度以後，要持續運動一段時間，這樣才能達到比較好的運動效果。什麼樣的強度才是適宜的運動強度呢？一般可以採用目標心率（心跳次數）的方法來確定最佳運動強度。目標心率是指運動時能給個體帶來最大好處的心率。

達到目標心率以後，再持續運動一段時間，就進入運動後階段，即整理階段。在這個階段，不要馬上停止運動，而要慢慢進行一些整理運動，這有助於運動氧的利用和吸收，加快體內代謝產物的排除，還有助於消除疲勞。整理活動不是千篇一律的，它是一個運動動作的自然延續。一般可以做一些慢跑、散步、放鬆性練習和調整呼吸等活動，使機體逐漸過渡到相對平靜狀態，一般需要五六分鐘的時間。

第三，幫助孩子養成運動的好習慣。一般來説，21 天初步養成一

個習慣，要真正鞏固下來，則需要更多的時間，有可能是 2 至 3 個月的時間。此階段要求有規律的運動，一般可以按照 FIT 原則設計孩子的體育鍛煉計劃：「F」代表頻率（frequency），指每星期應該運動多少次；「I」代表最佳的運動強度（intensity）；「T」代表時間（time），即每次運動應該持續的時間。一般來說，孩子每星期至少需要運動四次。每星期運動四次可以使人的身體活動量超過生存的需要，而少於四次意味着健康水平沒有實質性的提高。運動過度或運動不足都不好。如何確定最佳的運動強度，可參考在上文提出的目標心率的計算公式。為了獲取運動帶來最多的好處，每次至少要將心率保持在目標心率左右持續運動 20 至 30 分鐘。那種歇一會兒，再劇烈運動一會兒，再歇一會兒的做法並不符合不間斷原則。一旦開始運動，你就不要停下來，不要間斷，大約持續半個小時左右。在運動前花幾分鐘做做熱身，在運動後用幾分鐘放鬆放鬆。

引領孩子
形成規則意識

弗洛伊德曾說，孩子眼中的父親是集法律、約束力、威嚴、權力於一身的超人。父親在孩子眼裡往往是社會秩序和紀律的象徵，孩子對父親是既敬又怕的心理，並且在此心理上模仿父親，認識社會道德規範。

「沒有規矩，不成方圓」，「國有國法，家有家規」，每個家庭及整個社會的高效運轉是以規則為基礎的。規矩無時不在，無處不在，

吃飯有吃飯的規矩，走路有交通規則。規則表面上限制了自由，實際上保證了每一個人的自由。

孩子的成長過程是一個規則意識逐漸養成的過程。一兩歲的幼兒的行為是自我中心的，他們認為世界是以他們的本能需求為中心運轉的，是沒有規則意識的。隨着年齡的增長，到了 4 至 5 歲的時候，在成人有意識的教導與約束之下，他們會慢慢開始約束自己的本能，瞭解外部世界的真實狀況，以社會允許的方式滿足自己的需求，規則意識也就慢慢誕生了。在這個過程中，父母所起的作用是至為關鍵的，其中，父親的角色顯得特別關鍵。

在許多家庭裡面，由於生、養、育一體的特點，媽媽的心比較軟，原則性不強，更容易表現出溺愛孩子的一面，有可能無原則地滿足孩子的一些不合理需求。這個時候，就特別需要父親的介入，用弗洛姆的話說，「父親代表着規則的秩序的世界」，父親有權利也有義務幫助孩子樹立規則意識，以更好地適應外部世界的規則要求。在孩子很小的時候，父親的這種特點就已體現出來，如在遊戲規則方面，母親傾向於遷就孩子，而父親則更注重「立規矩」。

例如前述的新東方董事長俞敏洪正是意識到父母親之間的這種差別，遂主動承擔起責任，有意識地培養孩子的規則意識，他是從家規開始的[1]。

---

① 王晶：《換個角度做父母》[M]，浙江教育出版社，2011。

讓孩子
認識更廣闊的世界

在寫作《男孩危機?!》時,我們發現當代中國男孩危機重重,因此提出了「放養」男孩的呼籲:希望父母們改「圈養」為「放養」,這樣做有利於培養男孩的責任心,有利於提高男孩的體質健康水平。在寫作《女孩危機?!》時,我們發現女孩其實也需要「放養」。在參加一些新聞媒體的專家訪談時,我們多次被問到「窮養」、「富養」的問題,我們的回答是精神上的富養、物質上的窮養還有生活上的「放養」,是引領孩子認識更廣闊的外部世界的三個方法。

與母親相比，父親更多地關注外部世界，這種特點可以幫助孩子更好、更早地認識外部世界，在此過程中養成他們的獨立與自主。一個人的成熟是由家庭走向社會的過程，父親的引領會讓孩子以更為開闊的視角看待人生和世界。

　　為了讓女兒領略外部世界，我（孫雲曉）與妻子曾帶領着女兒走了 13 個省份。在女兒十歲時，我還作出了一個大膽的決定，把女兒交給一個熟識的女大學生帶回東北小城。

　　那是 1992 年，妻子赴日進修的一年。暑假，我也獲得日本的邀請，赴日參加文化交流活動。可是，女兒交給誰呢？

　　應當說，最讓人放心的安排，是將女兒送回青島的奶奶家，或送北京的姥姥家，況且，兩邊老人都表示歡迎。但是，我不太想這樣做，因為這既給老人添了麻煩，對孩子身心發展也未必有利。

　　我曾注意到一項研究資訊，説是隔輩人帶孩子成功率不超過 30 %，原因在於交流障礙多。女兒已經十歲，思維正處於活躍狀態，應多接受一些新鮮的刺激。如果送到老人身邊，生活上自然會受到百般呵護，別的就難有幫助了。因此，我想出了一個大膽的計劃：讓女兒到外地一個女大學生家生活一段時間。這個計劃也得到那位女大學生全家的歡迎。

　　這是一個勤奮求學的女大學生，來自遼寧大連市瓦房店的一個平民之家。我與這個家庭有過一些接觸，相信這個家風淳樸的新環境和新生活會對女兒有良好影響。

　　沒想到，我把三個去處對女兒一説，女兒毫不猶豫地選擇了去大連，真讓我喜出望外。

女兒在大連生活時寫下的日記就足以證明，這段特殊的生活經歷讓她難以忘懷：

今天，我特別激動，因為十歲的我，離開了爸爸、媽媽，一個人跟著一位女大學生乘火車，向遙遠而神秘的大連駛去。

四個月前，媽媽去日本學習了。爸爸最近也要去日本訪問，但不能帶我一同去看媽媽。爸爸很為難，和我商量，是去北京的姥姥家、青島的奶奶家，還是去他在大連的學生家呢？我決定去大連，因為我沒去過。爸爸表揚了我，說我敢獨自去陌生的地方，很有勇氣！

恰好，有位姓富的大學生要回大連，爸爸請她帶我一起走。於是，昨天夜裡，我拎著媽媽留下的小皮箱，跟著小富阿姨上了火車。經過一天一夜的漫長旅行，當我還在夢中的時候，被小富阿姨叫醒了。原來，我該下車了。

隔著車窗，就看見一個阿姨微笑的臉。原來，她就是爸爸的學生孫阿姨，她來車站接我了。我才知道，這一站叫瓦房店，是歸大連管的一個小城市。

此時，天空漆黑一片，只有火車站是明亮的，但人也很少。孫阿姨叫了輛出租車，我們直奔她家去了。到家裡，已經是凌晨四點時，天快亮了，但是，我還是困極了，又香香地睡了一大覺，就像在自己的家裡一樣。

（時間：1992 年 8 月 8 日）

今天，孫叔叔帶我到沙河去玩。沙河不屬於瓦房店，它在普蘭店。

所以，我們得倒兩次車才能到。

到了沙河，我一看它沒有我想像的那麼大。不過，在那玩的人很多，有的人釣魚，有的人洗衣服，還有的在河裡游泳。我和孫叔叔找了個又涼快、人又少的地方坐了下來。我把腳放在水裡，真舒服呀！身上的炎熱頓時消失了。這時，只聽「哞」、「哞」的聲音，我回頭一看，原來是一隻大黃牛在吃草呢。它一邊吃草，一邊搖晃尾巴，趕走身上的蒼蠅，一副悠閒樣。我剛想走過去，它就朝我「哞哞」直叫，嚇得我直往後退。

不知不覺，已經到中午了，我依依不捨地回家了。雖然沙河不大，但我覺得它比我見過的河都好玩。

（時間：1992 年 8 月 11 日）

我來到瓦房店，能吃到金黃的桃子、又大又圓的蘋果、光亮透明的葡萄、綠瑩瑩的梨，可我在北京卻吃不到。這是怎麼回事呢？原來，瓦房店是水果之鄉，這裡的水果還出口外國。大連市的水果也沒有這兒多。在北京買不到黃金桃，瓦房店的桃子有饅頭那麼大呢！

我想：你要來，也一定會吃到這麼好的水果的。

（時間：1992 年 8 月 14 日）

我以前從沒有坐過有軌電車。這次到大連來就可以坐了，因為有軌電車只有大連和哈爾濱才有。北京雖然有無軌電車，但沒有鐵軌，地鐵有鐵軌可又是在地下跑，跟有軌電車不一樣。

這時，一輛有軌電車到站了，遠遠地看去，像一列小火車。上了車，

兩邊是一排沙發座，坐上去很舒服呢！孫阿姨告訴我：「原來俄國人在大連時，造了這些車，一直使用到現在。」

（時間：1992 年 8 月 18 日）

我在大連的瓦房店生活了半個多月，今天就要回北京了。說真的，我還真有點捨不得呢！

最捨不得的是姥姥。又黑又瘦的姥姥像親姥姥一樣照顧我。她要照顧患腦血栓的姥爺，又要照料全家的生活，還處處想着我，真是太辛苦了！剛來的第二天，姥姥說給我做格子吃，我不知是什麼東西。做好了一看，原來就是金黃金黃的玉米粥。就着榨菜吃格子，那個香呀怎麼也忘不了，一提起來又想喝。

這個家雖然不富有，也不寬敞，卻是一個溫暖的、勤儉的、向上的家。孫阿姨已經在北京讀完了一個大學，又考上了一個新大學，正學習新聞專業。孫叔叔也毫不示弱，上個月剛剛考上了北京廣播學院。一家出了兩個大學生，姥爺姥姥非常自豪，說起來總是喜滋滋的。我要向他倆學習，將來也上大學！

本來，我也特別捨不得孫叔叔，因為他陪我玩的時間最多，又那麼風趣和聰明，像個博士。湊巧的是，孫叔叔和孫阿姨都要提前到學校，就與我一同上了去北京的火車。

再見了，瓦房店！再見了姥爺姥姥！

（時間：1992 年 8 月 24 日）

這一經歷對於女兒的發展具有特別的意義，因為這是她頭一回離

家遠行，又是頭一回住進陌生人家裡，這種體驗是終生難忘的。古人云，「易子而教」，是說給孩子換一個生活環境，對其成長益處很多。可以說，這是一種民宿生活，猶如一個多維麵包，給人以豐富的營養。

後來，女兒進入了中學，我們又支持她兩次赴日入住民宿，在普通的日本人家裡先後生活了兩個月，這種體驗教育遠遠勝過書本教育。對此，女兒曾這樣寫道：

我的爸爸媽媽教育我的方式很獨特，除了一般的說教外，他們還主張我在體驗中成長，並為我慷慨投資，利用假期時間帶我到全國各地去旅行。截止今日，我已經走過了 13 個省市，並兩次赴日民宿，這在我的同齡人裡也是不多見的。這些經歷讓我刻骨銘心，使我對待別人有了一顆寬容的心，因為見多識廣，很明白人與人的不同，所以經常會站在別人的立場上替人着想。這為我贏來了很多寶貴的友情，伴隨着走過的風風雨雨，培養了我的獨立性格與較強的適應力，也讓我有了自信和變得珍惜眼前的幸福生活。

放手
讓孩子更獨立

父親要敢於放手，培養孩子的獨立精神及獨立能力。抓住孩子不放的往往是母親。在心理學上，父親被看作是孩子掙脫對母親過度依戀的關鍵動因，父親是孩子走向外部世界的橋樑，父親的存在與鼓勵是孩子獨立性發展的基礎。

　　2008 年去世的王永慶先生被譽為「台灣經營之神」，他的教子方法值得我們大家學習。王永慶在九個子女的教育上以嚴格和用心著稱。王永慶教育子女奉行的原則是：在他們年幼時，設法使他們吃飽穿暖，籌措學費讓其受教育，到了成人，必須讓他們自立，不可溺愛，否則孩子永遠無力站起來，自謀生存，變成愛之反而害之。在孩子生長的過程中，他敢於放手，以培養孩子的獨立精神與堅強毅力。

　　他的女兒王貴雲出國時，連一句英文都不會說，住校時被欺侮，王永慶聽到後，反應是：「It is good!」他的長子王文洋13 歲那年就被送到英國倫敦去留學。年少遠行，又身處異域，當時王文洋非常孤獨，且常受洋學生欺凌打罵。有次被打得遍體鱗傷，想到父親遠在千里之外而不可能來保護他，便自我砥礪，學中國功夫，結果反敗為勝，成為同學眼中的小英雄。

　　王永慶最小的兒子王文祥九歲時隨母赴美留學時，想要一輛腳踏車卻沒錢買，最後，找了一輛生鏽的腳踏車，自己動手把鏽刮掉，用油漆漆好。成年以後，王文祥通過貸款，用了三年的時間，以不低於市價的價格自己花錢買下了父親王永慶的公司。王文祥說：「來得不容易，才會覺得寶貴。若是送的，好像一個很大的禮物，可是打開時，裡面好像是空的。父親給我的禮物，不但包裝漂亮，且無價之寶就在裡面。」

　　對待女兒，王永慶也是如此。1988 年，女兒王雪紅 30 歲，她把母親送給自己的一套房子作抵押，借 500 萬開始了自己的創業生涯。今天，王雪紅已經被公認為台灣最成功的女企業家，但王雪紅卻一如既

往，兢兢業業。她說，「父親一直是我前進的動力，我不能因為自己損傷了父親的名譽」。她還說：「父親相信唯有吃苦，孩子才能獨立，要經過許多困難，才能培養毅力。」

王永慶不但是企業經營之神，其實也算得上是家庭教育之神了。正是王永慶的用心培育，才使得孩子個個有出息，不依賴父親而獨立走向成功。

作為父親，我（孫雲曉）非常認同王永慶的做法，在女兒成長的過程中，我也是這麼做的。她從小學升初中，初中升高中，高中考大學，大學畢業找工作，所有的選擇都是她自己決定的，我們只是給她提出建議，給她作出分析，決定權交給孩子。這樣的孩子獨立性很強，不會依賴別人。她知道自己的事情，第一個操心的應該是她。當然還要尊重孩子，家裡的事情都跟孩子們商量，讓孩子像主人一樣生活。

如果孩子想依賴，那就想方設法讓孩子依賴自己吧。

我的女兒上小學時，習慣於睡懶覺。每天早晨，我幾次催她起床，她總是不情願地說：「再待會兒。」如果真的遲到了，她又會抱怨父母不把她拽起來，害得她受老師批評。我覺得不能再這樣下去了，於是就告訴女兒：「上學是你自己的事情。從明天早晨開始，該幾點起床你上好鬧鐘。如果鬧鐘響了你還賴被窩，你就賴吧，肯定沒人叫你，一切責任自己負！」

其實，我心中是有數的：孩子跟父母撒嬌，在老師、同學那裡還是很在意自己的形象的，豈敢遲到？

果然，第二天早晨，鬧鐘一響，女兒騰地跳下床來。從那時起至

今，雖然有過曲折，但女兒早晨起床上學就很少再讓我們催了。有時候，我們還在睡覺，女兒早已騎車上學去了。

孩子的依賴性是從哪裡來的呢？一般來說都與父母特別是父親的遷就有關，父母包辦代替越多，孩子的依賴性越強。相反，父母如果鼓勵孩子自己的事情自己做，孩子的依賴性將會大為減少。

早在 1927 年，著名教育家陳鶴琴先生就提出：「凡兒童自己能做的，應該讓他自己做；凡兒童自己能夠想的，應該讓他自己想。」這是符合教育規律的至理名言。

孩子的潛力很大，可以做很多事情，只是父母的溺愛剝奪了他們自己的能力。譬如，孩子的學習也是他們自己的事，靠自己認真聽講、認真思考、認真預習和複習、獨立完成學習任務，才能真正掌握學習本領。大人陪讀陪寫甚至幫寫幫計算，常常是在幫倒忙，是在培養懶孩子。當然，若孩子很勤奮卻仍搞不明白，幫他分析一下甚至請家庭教師都可以，但必須以孩子的獨立學習為前提，切莫包辦代替。

讓孩子依賴自己是父親明智的選擇。

近代著名教育家斯賓塞認為，父親是孩子通往外部世界的引路人。在這一點上，父親應責無旁貸地發揮自己的自身優勢，讓孩子有機會及時走出母親的懷抱，走出家庭，走向更廣闊的世界。

如何培養孩子的獨立性，讓他們具有自立能力？我們的教育建議是：

一、凡是孩子能做到的事，父母不要包辦代替。不要對孩子無微不至，該放手時則放手，必要的時候要給孩子獨立辦事情的機會，「飯來張口，衣來伸手」所培養出來的人不可能是真正的人才。

二、讓孩子決定自己的事情。孩子有決定自己事情的權利，父母要喚醒孩子的獨立意識，並鼓勵孩子自己決定自己的事情。

　　三、在必要的時候，勇於對孩子說「不」。孩子不合理的要求不能接受，不要遷就孩子。美國有個教授寫了本書──《別鬧了，孩子》。書裡提到父母可以對孩子說「不」，並且堅持到底，還講了很多懲罰孩子的方法。父母對孩子說「不」是父母的責任。父母是孩子成長中的路標，應該告訴孩子什麼是不能做的。孩子一哭，你就心軟了，說話不算話了，這個父母也是失敗的。

5. 父親的不足

　　父親的不足，往往反映男性的不足。作為父親的男性，與作為母親的女性相比，自然存在一些亟須注意的不足之處……

　　有這樣一篇孩子的文章非常耐人尋味，題目是《要爸爸幹啥？》

　　女孩：「媽媽，我是你生的嗎？」

　　母親：「是呀，寶貝兒！」

　　女孩：「那我哥哥是誰生的呢？」

　　母親：「傻孩子，你哥哥當然也是我生的呀。」

　　女孩：「連男孩兒也是媽媽生的，那要爸爸有啥用呢？」

　　一個叫蔣英姿的男孩發出了同樣的疑問——要爸爸幹啥[①]？我們不妨先通過一個小學生的眼睛來看看，他眼中的爸爸到底是什麼樣子的：

---

① 蔣英姿：《要爸爸幹啥》[J]，少年兒童研究，2000.12。

一直以來，我都以為男孩是爸爸生的，女孩才是媽媽生的。昨天我的小姨在醫院裡生下了一個小弟弟，我才明白：原來男孩也是媽媽生的。那麼，要爸爸幹啥呢？

　　爸爸每天早出晚歸，一回家就懶洋洋地靠在沙發上看電視看報紙。他既不會燒菜做飯，也不會洗碗刷鍋，連被子也不會疊。他的髒衣服臭襪子全是媽媽洗乾淨的。他坐在沙發上的時候還要把我們支得團團轉，給他倒茶、拿煙灰缸、端洗腳水、遞拖鞋。他看到掃帚倒地也不會去扶一下。可他對我們說一定要從小養成愛勞動的好習慣時一點也不臉紅。

　　他自己做不到的事總要求我們去做。他沒上過大學，卻千方百計地想把我們整入大學。他對我們的吃喝拉撒和喜怒哀樂從不操心，可他對我們的學習要求很嚴格，每天晚上都要檢查家庭作業，抽查白天沒有學過的課文，過不了關就別想睡覺。他平時寡言少語，但教訓起我們來卻口若懸河、滔滔不絕。他從來就看不到我們身上的優點，也從來沒表揚過我們。有一回我考了第二名，只比第一名少了一分，心想這回爸爸該滿意了吧！誰知他拿過我的通知書後質問我好幾遍：「為什麼要比人家少了一分？你為什麼就心甘情願比人家差？」我心裡不服氣，不就是差一分嗎？還有那麼多不如我的人呢，就會讓我比這個比那個，你自己為什麼就不比比人家？

　　爸爸從外面回來，從不像媽媽那樣為我們帶點小禮物，所以我們對他的來去也從不關心。媽媽外出一天，我們總覺得有一年那麼漫長，而爸爸出去幾個月我們都不會想他。他不在家的時候我們都不會想他。他不在家我們反而玩得更自在。

　　我們有什麼事情都跟媽媽說，想買什麼也跟媽媽要錢。媽媽很疼愛我們，而爸爸卻沒為我們做什麼，也從不關心我們。每當我踢球時碰破了膝蓋或者削鉛筆不小心割破了手指，他從不像媽媽那樣一臉驚慌一臉心疼地為我包紮，而是輕描淡寫地說：「蹭破點皮有什麼大不了的，這麼嬌氣！」我與別的小孩子發生了衝突受了欺負，也別想從他那兒得到絲毫保護。在他的眼裡，我是世界上最淘氣最無理取鬧的孩子。我身體不舒服的時候，他從不安慰我，也不給我買好吃的好玩的東西，反而逼我吞下一些苦得讓人發抖的藥丸，還送我去醫院打很疼很疼的針，這無疑更增添了我的痛苦，也讓我心裡越發對他充滿了憎恨。要爸爸幹啥？我真的不明白。

　　這個小學生描述的就是一個典型的「父教缺失」的父親形象，平時對孩子極少管教，管教時卻又簡單和粗暴。我們把這篇作文發給幾個作父親的朋友，其中一個朋友讀完之後，他覺得很震憾，因為他覺得上面的作文描寫的就是他，這篇作文讓他重新認識了自己的角色和定位。

　　從以上兩個孩子的眼中，我們不難發現父親的不足。父親的不足往往反映出男性的不足。作為父親的男性，與作為母親的女性相比，自然存在一些亟須注意的不足之處。

醉心於工作

　　一個小女孩這樣描述她的爸爸：「我的爸爸不愛我，他愛的只有

他的工作。與我相比，他更喜歡加班。」

一位媽媽曾如此抱怨：

對他們（爸爸們）來說，雞肋一樣的工作，始終比孩子重要。孩子只是他們快樂的副產品，生育出來以後，所有的事都應該是媽媽的了。

新東方集團高級副總裁陳向東曾面對台下聽眾講了這樣一件事情：

有一天晚上，我 11 點左右回到家，剛進門就聽見大女兒寧寧的哭聲。「怎麼這麼晚了還不睡？」「我難過，我想媽媽了！」「媽媽不在家，爸爸在呀！」「爸爸你在家有什麼用呢？你知道我的作業是什麼嗎？我的語文課本是哪本嗎？你知道我在上什麼培訓班嗎？」

陳向東聽完女兒的傾訴當時就傻了。他作了很多自我反思，認為自己就是一個失敗的父親。他可能太關注事業，而有意無意地忽視了女兒。

新聞媒體也經常報道一些男性榜樣，一心撲在工作上，把老婆和孩子都忘了。在某報紙上有過這樣一則新聞《排爆專家邢春洪：武器性能爛熟，不知兒子幾年級》[①]，主人公是一個軍事技術專家，報道說：

---

① 齊明宇、陳冰、嚴珊：《排爆專家邢春洪：武器性能爛熟，不知兒子幾年級》[N]，《解放軍報》，2011.06.01。

他不知道兒子上幾年級的事曾經是單位的一個笑話。有一次開會，會前同事們在聊孩子學習的事，邢春洪心裡卻在想一個項目的優化方案。

一個同事問：「老邢，你兒子上幾年級了？」

邢春洪隨口答道：「三年級。」

同事糾正他的說法：「不對吧，你兒子應該上四年級。」

邢春洪一愣：「哦！是嗎？我打電話問一下。」他的回答引起哄堂大笑。是的，邢春洪記不住兒子上幾年級、結婚紀念日、家人的生日，卻能夠將那麼龐雜的裝備數據背得滾瓜爛熟。

這位專家是位出色的專家，但可能不是一位好父親。

為什麼男人那麼看重工作？

有些父親認為做好工作就是對家人的愛，但這對孩子來說遠遠不夠，還要有精神層面的養育。從男性本身來看，他們是競爭性的動物，為了生存、為了捍衛自己的領地，需要在外競爭打拚，分出高下。男性往往需要通過工作來獲得自我認同。工作可以給男性帶來成就感、價值感，獲得他人的尊重，讓他們看起來更有男子漢氣概，這是主動的一面，這往往使許多父親願意付出幾乎全部的時間與精力去追求所謂職業成就。

現在的社會，競爭壓力日趨加大，這使得許多父親更無暇去關注自己的父親角色，他們的老闆更不會意識到他的下屬還是一位父親。而且，我們有「女主內，男主外」的社會分工傳統，父親往往被定義成為

養家餬口的角色。許多爸爸也把自己看作一個在外掙錢的人，自己的第一職責是掙錢。

我們的整個社會對男性的關注也往往集中於他的職業成就，很少關注他為人父親的責任履行得怎麼樣，只有孩子出了問題上了新聞以後，我們才發現父親的角色對男人也很重要。這種社會導向及社會宣傳，其實給了許多父親們一種誤導，那就是職業工作才是重要的，做一個好父親沒有人會承認你的價值。

醉心於工作的老爸，對孩子的發展具有一些消極性的影響：

首先，醉心於工作的老爸會有意無意地忽視孩子，孩子往往會覺得爸爸不愛自己，不關心自己。他往往會通過自己的眼睛得出這樣一種結論：爸爸的工作更重要，自己不重要。孩子感受到的父愛往往來源於父親對他的付出，如父親關心孩子的生活和學習，關心孩子的興趣和愛好，願意花時間陪孩子去做那些他們感興趣的事情。

其次，醉心於工作的父親往往會選擇簡單的教育方式，或者溺愛，或者粗暴，這兩種取向都跟父親教子時間過少有關。為人父親教育孩子是需要大量的時間和心血的，而工作佔據了父親大量的時間，父親的教子時間往往很有限或少得可憐，因此父親的選擇也很有限。在有限的時間內做父親，往往只能選擇溺愛，用物質等手段來滿足孩子的要求，即使是一些不合理要求。時間太少，遠遠不能滿足孩子的需求，父親往往就特別講求教育效率。什麼樣的教育最直接見效？打罵最直接，但這種效果是即時的、短期的，而且它直接危害到了親子關係的質量。

第三，醉心於工作的老爸往往會被孤立，妻子和孩子之間會形成

緊密的共同體，結果導致妻子可能會過度溺愛孩子，孩子的獨立性發展受到阻礙。

沉默不語

　　一個孩子這樣對老師描述爸爸：「好像我的爸爸並不愛我，他上班回來從來不會和我說什麼，也從來沒有明確表達他愛我。我知道他在外面勞累工作是為我。但是我真的希望他能說句『我愛你』。我真的很希望爸爸能抱抱我或者拉着我的手和我聊聊天，但是他太忙了……」

　　一個女兒這樣描述爸爸：「爸爸從我懂事開始對我就很冷淡，他從未送我上過學，也沒有接過我放學，我會想我是不是爸爸的親生女兒。」

　　一個孩子如此抱怨爸爸：「我再也不會跟他（爸爸）一起出去了。他甚至都不問我一天過得怎麼樣或是其他什麼一個父親應該問的。我努力跟他一起做點什麼或是談點什麼。他所做的就是不搭理我或是無緣無故地衝我大喊大叫。」

　　關於父親，人們經常用父愛如山、父愛無言來形容，在許多人的印象中，父親總是默默地為孩子奉獻着自己的時間。

　　爸爸為什麼如此沉默？為何不願意跟孩子溝通交流？表達自己對孩子的愛？

　　我們可以列出許多原因：

　　第一，與女性相比，作為爸爸的男性從小就不擅長言語溝通交流。

女孩往往從小就伶牙俐齒，男孩往往從小就笨嘴拙舌，人們已經對此習以為常。這種差別有其生理原因，如女孩的大腦言語中樞往往比男孩發育得更早，女孩獲得語言、發展言語技能的年齡較男孩更早，女孩通常比男孩更早開始説話。更重要的原因是在成長過程中，孩子通常更多地與母親進行言語交流。

　　第二，社會教化使父親們缺少表達情感的能力。從很小的時候，我們的父親們就知道「男兒有淚不輕彈」。長期以來，無論是家庭還

是社會，總是要求男孩深藏自己的真實情感，特別是那些脆弱、敏感的情感。如果看到一個男孩哭泣，人們會責怪這個男孩軟弱、不夠堅強，而如果是一個女孩，人們則會心生愛憐。英國學者克萊默指出：「社會對於男人有着更大的壓力，人們看不慣男子漢的軟弱，在任何時候都不能表現出脆弱的一面，所以還是小孩子時，男人就有着很大的壓力，男孩在兩歲以前就學會了如何壓制一些天性和本能。」時間久了，當一個男人成長為父親時，他往往可能缺乏情感表達的能力。

第三，對男性的刻板印象使父親們不願意表達情感。我們的社會對每一個性別都存在着一定的刻板印象，即男性或女性應該是什麼樣子。對男性的刻板印象之一就是沉默、冷峻、威嚴。男性往往把情緒情感表達當作是女性化的表達。因此，許多男人往往會選擇板起臉來做父親，認為男人就應該是不苟言笑的；應該父愛如山，而高山應該是沉默不語的。這種刻板印象使許多父親把沉默看作威嚴和尊嚴，而幾乎每一個成年男性都害怕失去威嚴和尊嚴。

沉默的父親會給他的孩子們留下什麼印象？他對孩子的成長會帶來哪些不良的影響呢？

一位 28 歲的男性在父親的追悼會上才真正讀懂父愛，他這樣寫道：

父親永別了，我才悟到父愛換來這麼多無價的珍寶——親友的誇讚、同事的信賴、上級的肯定。父愛是大海深處的岩漿，父愛是冰山裡奔突的火，父愛不是可樂，不是比薩，而是一種特殊的鈣片！它含有火的物質，能冶煉人的品格；它含有鐵的元素，能堅挺人的靈魂。

父親啊父親，我終於讀懂你那冰冷外殼內一顆熾熱的心。

但是，在他的童年及少年時期，父親的沉默和嚴厲在他的心中卻留下了冷酷的冰山形象。

沉默父親給孩子帶來最大的危險，是孩子在小時候感受不到父愛。在孩子小的時候，父親的沉默絕不是金，沉默給孩子的感覺有可能是冷漠和漠不關心。年齡越小的孩子，越是感覺如此。成年以後，往往才能逐漸理解這種深沉的父愛，緊張的父子關係才能逐漸消融。我們知道，孩子最需要父愛的時機是童年時期和少年時期。

沉默的父親往往給兒子樹立了一個沉默的榜樣，他們覺得做男人就應該像父親那樣不苟言笑，長大以後，他們也會像父親那樣沉默少言，這將會對他們的家庭和職業帶來不利影響。沉默的父親給女兒一個冷漠的印象，而女孩的情感需求更高，她們的情感也更敏感，感受不到父愛的女孩往往會有些孤僻，得不到父親言語鼓勵的女孩往往會自卑。

過於嚴厲

母愛往往是無條件的、包容的，父愛往往是有條件的、嚴厲的，只有孩子的表現達到了他的標準或期望時，他才會滿意。適當的嚴厲會讓孩子感受到深切的父愛，對孩子沒有壞處，但是如果過於嚴厲，嚴厲得讓孩子感受的只有無休止的恐懼，孩子縱使有所成就，也會留下心理陰影的。這樣的父親在外人看起來可能是好父親，但實際上，這往往只是假象，他給孩子帶來的傷害是隱藏着的。

下面，我們要與讀者分享兩位父親的經驗：一位是希拉莉的父親，

另外一位是傅雷，他們都屬於過於嚴厲的父親，他們帶給孩子的不光是外在光鮮的成就，其實還有隱藏於內心的傷害。

希拉莉是美國前第一夫人及國務聊，當代世界的女強人，她的父親就是一個嚴厲的、一絲溫情都沒有的人[①]：

希拉莉的父親叫休·羅德姆，美國著名記者卡爾·伯恩斯坦在他的著作《希拉莉傳》中稱：他是一個「脾氣暴躁、鬱鬱不得志的男人」，他總是毫不留情地對孩子們冷嘲熱諷、蓄意貶低他們，還憤世嫉俗、玩世不恭。他在家裡，複製了軍營式的管理模式：「坐在客廳的長沙發椅上厲聲發號施令，詆毀和貶低孩子的進步，這讓孩子們倍感挫折，而他則將其稱之為『挫折教育』。」

羅德姆和很多苛刻的父母一樣，更喜歡行使懲罰而很少給予獎勵，而且儘管他總要求妻子和孩子們進行自我批評，但他自己從來不會這麼做。伯恩斯坦在書中描繪了一些可怕的細節：他要求在家中享有絕對權威，稍有抵抗，他就會暴跳如雷。如果希拉莉或她的弟弟們不小心忘記撐上牙膏的蓋子，他會毫不客氣地把牙膏蓋子從浴室的窗口扔出去，然後命令孩子到前院的冬青樹叢中把它撿回來。即使是外面下著大雪也絕不手軟。不管冬天的芝加哥氣溫有多低，他都堅持晚上睡覺時把暖氣關掉，第二天早上才能打開。吃飯時，他會粗暴地發表自己的見解，絕不容許別人發表異議，也絕少承認自己可能錯了。

---

① 武志紅：《專制父親陰影下的希拉莉》[J]，《東南西北》，2011.7。

他給女兒樹立了很高的目標並鞭策女兒不斷進取。儘管獲得父親的誇獎和認可很難，但希拉莉和所有的女兒們一樣付出艱辛的努力，以博取父親的歡心。

當然，這種教育方式也使希拉莉受益匪淺。希拉莉能成功最重要的因素也正源於此——養成不斷努力、超越極限的習慣。

在她小時候，父親從來沒有對她說過肯定和鼓勵的話。希拉莉講過一則關於她父親的故事。在她讀高中時，有一次她帶回家一張全優的成績單。她把成績單給爸爸看了，希望得到他的一句表揚。相反，他卻這麼說了一句：「是嗎，你讀的肯定是容易得高分的學校。」幾十年後，希拉莉回憶起這件事時，仍然感到父親的這句話深深地刺痛了她。

下面是另外一位父親，在中國可以說是家喻戶曉，他就是傅雷。

傅雷是一位翻譯大家，《傅雷家書》是我們汲取家庭教育營養的寶庫。《傅雷家書》是本好書，傅雷卻不一定算得上是一個好父親，在兒子傅聰和傅敏的童年和少年時期，傅雷是非常嚴厲的，說得不客氣一點，他已經嚴厲到粗暴的程度[①]：

一天，一位小男孩犯了過錯。父親揚起手便是一巴掌打過去。這樣他還嫌不夠，他將小男孩綁到了自家的大門口，為了讓過往

① 傅雷：《這個暴力的父親是如何轉變的》[EB/OL].（2012-09-28）[2012-10-23]，http：//www.jh5z.com/DisplayNews.aspx?_id=480。

的鄰居都看到，以羞辱這個小男孩。這樣的例子有很多，還有一次，小男孩又因為不聽話，父親訓斥時突然心頭火起，順手抄起了一個裝香灰的碟子甩在他的鼻子上，讓男孩臉上一生都留下了一道傷疤。

小男孩頗有音樂天分，學琴進展很快。時間長了，自己便練起作曲來。有一次練琴入迷，他竟然不顧父親不讓練琴分心的命令，忘我地將這首自創的曲子彈奏出來，並沉醉到一種創作的幸福與喜悅之中。就在這時，他聽到了父親的腳步聲！

那也是一種音樂，恐怖的旋律，就如同黑夜間的雷雨聲——父親的主題，這個主題強有力，他小小的腦子承受不了；於是，他以兩手臂圍住頭部：那是最常遭到電閃雷擊的部位。

沒有人不同情小男孩，沒有人會同意這位父親對孩子的教育管理方式。可是，這些確實都是發生過的場景。而且，這位父親便是我國著名翻譯家、藝術鑒賞家、家庭教育家傅雷，小男孩便是他的長子、後來成長為著名鋼琴家的傅聰。

傅雷為人倔強而暴躁，在對長子傅聰的早期家教上，常常採取打罵的管教方式。傅聰是個興趣廣泛的孩子，很難專心在一件事上，而傅雷做事最是專心致志，且苛求完美，所以傅聰遭到父親的懲罰是家常便飯，挨打成了他除功課外的另一門課。

《傅雷家書》其實是 1954 年傅聰長大後遠赴波蘭求學以後父子倆交流的產物，是人到中年後對自己為父之道進行反思的結果，是傅雷的懺悔之作。《傅雷家書》的第一封家信（1954 年 1 月 18 日）

便是向傅聰道歉的：

　　老想到 1953 年正月的事，我良心上的責備簡直消釋不了。孩子，我虐待了你，我永遠對不起你，我永遠補贖不了這種罪過！這些念頭整整一天沒離開過我的頭腦，只是不敢向媽媽說。人生做錯了一件事，良心就永久不得安寧！真的，巴爾扎克說得好：有些罪過只能補贖，不能洗刷！

　　……

　　我也知道，從小受些挫折對人的將來多少有些幫助，然而，爸爸畢竟犯了很多很大的錯誤。自問人生對朋友無愧，唯獨對你和你母親感到有愧良心，這是我近年來的心病。這些天它一直像噩夢一樣在我腦海裡徘徊。可憐我過了 45 年，父性才真正覺醒。伴隨着你痛苦的童年，度過的是我不懂做父親藝術的壯年，幸虧你得天獨厚，任何打擊也摧毀不了你！

　　孩子，儘管我能夠埋葬過去，卻始終埋葬不了我的內疚和悔恨。孩子啊，孩子，我要怎樣擁抱你才能表達我的悔恨和熱愛。

　　為什麼許多父親像傅雷一樣選擇做一個嚴厲的父親呢？

　　第一，許多父母受傳統的「嚴父慈母」的角色限制，認為父親的角色就應該是嚴厲的，不能像母親那樣充滿溫情。嚴厲的父母會把嚴厲等同於威嚴與尊嚴，害怕自己的仁慈會使孩子放縱。

　　第二，與母親相比，父親往往會對子女寄予過高的期望。哲學家羅素說過，「父親的最根本的缺點在於想要自己的孩子為自己爭光」。

過高的期望，意味着過高的要求，而許多父親往往通過嚴厲的手段予以表達。

嚴厲的父親往往會傷害到孩子的情感。從希拉莉的經歷來看，即使經歷了幾十年的時間，父親諷刺的話語猶如昨日般響在耳邊。

嚴厲的父親教育出來的孩子往往會走兩個極端，一是叛逆，這一點從傅聰的經歷上看得很清楚[1]。

傅聰曾對《傅雷別傳》作者蘇立群説起過自己當時的心理。傅聰説，他最恨父親始終弄不懂他自己這麼粗暴是沒有用處的，只會降低他在兒子心目中的威信；他覺得父親有的時候很可笑。當然，他和弟弟傅敏都怕父親，但在心裡並不服氣。因此，他有時乾脆就故意不學習，因為花時間學習也不一定令父親滿意，也免不了挨一頓打。與其那樣，還不如不學，反正最後都是挨揍。並且這樣挨了揍也覺得痛快，因為自己的「小計策」勝利了。

傅雷打罵的結果，只增強了傅聰的逆反心理。傅雷要傅聰做什麼他偏不好好做，而且鍛煉得兒子小小年紀就很有主見──這大概是傅雷做夢也沒有想到的事。傅聰的反抗性格到 1951 年便更加明顯了，他通過開獨奏會籌集了一筆錢，居然沒有與家裡的任何人商量，便從昆明的大學一個人跑回上海學鋼琴去了。

過於嚴厲的父親對孩子的另外一種極端影響，就是導致孩子膽小怕事、懦弱退縮、被動保守。這種孩子的膽子小時候往往被父親嚇沒

[1] 忠華：《愛孩子，請停下你舉起的手》[J]，《中華家教》，2010.5。

了、嚇破了，即使到成年之後，也沒有勇氣與人對抗。可想而知，這種孩子長大以後的前途是堪憂的。

太過專制

90 多年前，魯迅先生就在《我們現在怎麼做父親》一文中，批判了「父為子綱」等封建思想，反對父教專制，認為孩子只不過是父親延續生命的產物，父親對於孩子，其實並沒有多少「恩情」可言。

但是，在今天，專制的父親還不時出現在新聞媒體之上。

2011年，一個專制的爸爸走進了父母們的視野，他就是被稱為「狼爸」的蕭百佑，他的口號是「每天一頓罵，孩子進北大」，只要孩子的日常品行、學習成績不符合他的要求，就會遭到嚴厲的體罰，被稱為「中國狼爸」。

他認為他在學生階段的成功，主要受益於母親「動輒就打」的教育方法，因此，他複製了這個家庭傳統，而且發揚光大。他認為：「孩子們是民，家長是主。」只要他提出要求，孩子們必須無條件服從、遵守。為了培養孩子艱苦樸素、勤儉節約的生活作風，他的家規包括：不許喝可樂，不能吹空調，不可隨便打開冰箱。至於零用錢更是沒有，因為孩子不能私自購買任何東西。

在「狼爸」蕭百佑眼中，「打孩子」不僅是家庭教育中不可缺少的環節，而且是「最精彩的一個部分」。在節目錄製現場，蕭百佑帶來了他管教孩子的重要工具——雞毛撣。

信奉「狼爸」這種觀念的父母還有不少，據介紹，全國各地已有

三十多個孩子被父母送到蕭百佑家中，利用寒暑假，接受「狼爸式」教育。

「狼爸」的「打」跟孩子上北大，其實不一定有必然的聯繫，許多父母其實打得比狼爸厲害多了，甚至把孩子打死的也有一些。而且，上北大也不一定意味着人生的成功，對孩子來說，人生的路還很長。

狼爸的專制做法可能給孩子帶來什麼樣的影響呢？

教育部原副部長韋鈺院士毫不留情地批判這種教育方式，認為它「絕對錯誤」。她認為根據近十年腦科學研究的成果，「剽悍教育」是損害兒童的，「如果損害得更嚴重，不是把孩子推向監獄就是推向醫院」。南京一中特級教師黃侃認為：「狼爸」的三個孩子雖然都考上北大，但他們的內心世界並不一定如外表那麼光鮮靚麗，他們心裡也許比較壓抑、痛苦。無論怎麼「打」，都會給孩子心理上造成傷害。

對於「狼爸」做法，我（孫雲曉）在接受記者採訪時指出：沒有懲罰的教育是不完整的教育，即缺鈣的教育，但懲罰教育不是棍棒教育。懲罰教育與棍棒教育的性質是完全不同的，懲罰教育是培養主人的教育，讓孩子學會為自己的行為負責，而棍棒教育是訓練奴才的教育。棍棒教育也絕不可能培養出一個頂天立地、心智健全的現代公民。南京師範大學副教授朱強也認同這種看法，認為：蕭百佑用「打」的體罰方式，讓孩子懂得服從，本質上是用暴力強迫孩子服從自己的意志。用這樣的方式培養的孩子，只會成為唯唯諾諾、沒有獨立思想的人。

「狼爸」這種粗暴嚴苛的教育方式，還有可能剝奪了孩子童年的幸福與快樂。在「狼爸」的管理下，孩子很難有一個快樂的童年。兒

子蕭堯也曾說過:「記憶裡,只有一次,毫無顧忌地玩,讓我感覺到童年的無憂無慮。真希望這樣的生活能在童年裡多出現幾次。爸爸無疑是成功的,但我們也失去了童年時該有的快樂。」「狼爸」的三女兒蕭簫曾經在日記中寫過「我沒有快樂童年」。心理學研究表明,沒有快樂的童年,也往往很難有快樂的人生。

「狼爸」做法的最終效果有待時間的考驗。在生活中,粗暴嚴厲的父親已經給孩子帶來永遠無法撫平的傷痛早已有先例——美國已故流行音樂天王米高·積遜的父親喬·積遜就是一位專制老爸。

喬·積遜曾經是一名鋼鐵工人,在米高·積遜眼裡,他對待孩子的手段也像鋼鐵那麼強硬,經常毒打他的孩子們,其中就包括米高·積遜:

為了讓米高·積遜成名,喬·積遜有一次用一隻手拎着兒子的一條腿把他倒提在空中,另一隻手對着米高的後背和屁股一陣猛揍,打得他連聲哀求。那時他每天只有兩三個小時的學習時間,其餘時間都是排練,一直練到睡覺前。父親常常端坐在一把椅子上,面色陰沉,手裡拿着皮帶。米高·積遜回憶道:「如果你不用心排練,他會把你撕了。」「他很厲害,父親脫光我的衣服,用油淋我,他打我的方式,你知道,很厲害。」米高·積遜說在回憶這些事情時,他都會嚇得渾身打顫。

在成名之後,米高·積遜在接受採訪時,提起父親的痛打時,他竟數次情緒失控,甚至失聲痛哭。

作為父親,喬·積遜卻倍感委屈,認為自己為了兒子們的成功,

付出了無數的心力。他對米高‧積遜幼時遭其體罰的傳聞供認不諱:「我不是要兒子害怕我,而是想為他好,而且體罰在黑人家庭裡,是很普遍的教育方式。」已與他分居的妻子凱瑟琳(米高‧積遜之母)忍不住指責丈夫:「你用皮帶打他。」喬‧積遜沒有否認,反指正是她性格太軟弱,從而讓積遜變得軟弱。喬‧積遜還曾辯解道:「我從來沒有痛打過他,只是拿鞭子或皮帶抽過他,而且力度也不大,他完全可以承受。父親打兒子,無可厚非!」

專制的老爸給兒子帶來什麼樣的傷害?從米高‧積遜身上我們可以看得很清楚[①]:

為了能擺脫父親的影子,米高‧積遜整容成癖,臉部被他整得一塌糊塗。自 1981 年首次進行了隆鼻手術後開始,他就不斷地拿自己的身體大做文章。生前,積遜曾接受過十多次面部整容手術,包括 6 次鼻子、3 次下顎、2 次嘴唇和 1 次面頰,他還進行了注射手術,將他的黑皮膚換成了白皮膚。他之所以如此忍受巨大的痛苦整容,一個重要原因就是為了讓自己看起來一點也不像父親。

2009 年,米高‧積遜離開人世。根據他 2002 年立下的遺囑,受益人是母親和他的三個孩子,父親被完全排除在外,一分錢也沒有留給他。受益人包括媽媽凱瑟琳,是因為他覺得媽媽是最親的人,他曾說母親是自己的「生命和靈魂」。之所以不立父親為受益人,是為了

---

① 一米陽光:《米高‧積遜至死不原諒父親,整容真相大曝光》[EB/OL].(2011-06-25)
　　[2012-09-28]. http://www.waheaven.com/memorial/review/2457i58212.html。

報復父親昔日的狠毒，是對自己兒時所承受的毒打和其他身體虐待做出的「反擊」。

在米高‧積遜去世之後，父親喬‧積遜曾入稟法院，要求分得兒子的財產，但被法院無情地予以駁回。米高‧積遜的媽媽凱瑟琳鄭重發誓說，喬‧積遜如果膽敢碰邁克爾的三個孩子，她就立刻向法庭申請禁制令，禁止喬‧積遜接近三個小孩。

當父親當到這個份上，讓人不勝唏噓！

在米高‧積遜的心目中，暴力老爸的形象永遠定格了，他將永遠得不到他兒子的諒解了。也許在大眾眼中，米高‧積遜是成功的，但不能不說這種成功具有極大缺陷，而這種缺陷可能正是他的專制父親所一手造成的。

專制的父親已經過時了，因為專制父親所培養出來的孩子已經遠遠不符合今天社會的發展要求。創新工場董事長兼首席執行官李開復認為，父母如果在孩子面前只是一位高高在上的長輩，把孩子作為成人的附屬品，孩子就會變得保守、膽小、被動和聽話。他如此斷言：「這種孩子在 30 年前的企業是受歡迎的，但是今天已經過時了，我們今天希望培養的孩子是快樂的、樂觀的，是能夠信任父母、能夠彼此傾訴、能夠愛自己也能愛別人的人。」

6. 彌補父親的不足

事業重要，
孩子更重要

毫無疑問，大多數父親需要工作來養家餬口，工作掙錢是父親們對家庭表達愛的一種方式，這很重要。但是，在我們的生命中，還有更重要的東西，那就是家庭，尤其是夫妻關係和成長中的孩子。對人生而言，工作只是一個階段性的目標，而家庭是我們長期和終生的目標。我們來源於家庭，我們也希望在親人的懷抱裡離開這個世界。

我們生活當中，有太多的父親過於專注職業而有意無意地忽視了孩子，當他們功成名就時，他們卻發現自己失去了生命中更為寶貴的東西。

下面是一位父親自殺前不久所說的話①：

講一句與家庭有關的話，你們已經充分證明了，你們是能夠做到

---

① 羅布・帕森斯：《棒孩子，父親造》[M]，中國社會科學出版社，2006。

願意置個人生活於一邊、從事長時間工作的人。但是它使我想起了我的一個觀察：人們在臨終之時說的話是沒人聽見的，雖然我希望自己能有更多的時間待在辦公室裡。

要明智地協調你的職業生活和家庭生活。如果你們有幸有了孩子，你們的父母將提醒你，在不知不覺之中，你的孩子將長大成人並離開你的身邊。我可以作證這是真的。上帝允許我們擁有這許多和孩子們一起讀故事、釣魚、玩捉迷藏以及一起禱告的機會。儘量不要失去其中的任何一個機會。

這位父親名叫文森特‧福斯特，是一位知名律師，他的另外一個身份更為人所熟知——克林頓總統的第一私人助理。上面兩段話就是他在自殺前的兩個半月應邀為阿肯色州立大學法學院畢業的學生演講時所說的，可以看作為他的臨終遺言。

有哪位父親願意成為這樣的父親呢？

父親要從根本上認識到，通過工作或者事業獲得成功是外在的自尊，這種自尊是暫時的，而孩子往往帶來的是內在的自尊，是長久的，它將隨着孩子生命的成長而不斷延續。

下面一些父親給父親們樹立了很好的榜樣，值得父親們學習與借鑒。

第一位父親是梁啟超。大家都知道，梁啟超是中國近代的大學問家、大政治家，有人認為讀懂梁啟超就讀懂了中國。在梁啟超所處的那個時代，中國風雲變幻，維新變法、辛亥革命、袁世凱復辟帝制……作為那個時代的風雲人物，梁啟超不可謂不忙也。但我們要告訴大家的是，梁啟超還是一位超級了不起的好父親，他的九個

子女，個個成才，滿門俊秀，還留下了「一門三院士」的佳話。梁啟超很好地平衡了事業與孩子的教育，在孩子的人格教育和治學上盡了許許多多的心力。

第二位父親是一位樸素的鄉村醫生，他把父親當作自己的事業來做，把子女的成就看作為他最大的榮耀。他的六個孩子，五個拿到博士學位，一位拿到碩士學位。

長子蔡天文，1995 年獲得美國康奈爾大學博士學位，現為美國賓夕法尼亞大學最年輕的終身教授之一；次子蔡天武，公派就讀美國羅徹斯特大學由李政道主辦的 CASPEA 博士課程，獲鐳射物理學博士學位，現在美國高盛公司出任副總裁；三子蔡天師，在北京外國語學院畢業，曾被美國聖約翰大學錄取，現在內地發展；四子蔡天潤，在華西醫科大學醫學系畢業，曾被美國阿肯色州立大學錄取為博士生，現正在上海籌備開設私立醫院；五子蔡天君，是中國科技大學碩士，現在中國建設銀行工作；小女蔡天西，14 歲考入中科大少年班，18 歲考入麻省理工學院攻讀博士課程，22 歲獲得哈佛大學生物統計學博士學位，現為哈佛大學最年輕的副教授之一。

這位父親的名字叫蔡笑晚，他笑得有些「晚」，但他笑得最甜，他可能是天底下最開心的父親了。

第三位父親是著名的籃球運動員莫寧。2000 年悉尼奧運會時，在 20 世紀 90 年代被稱為「NBA 四大中鋒」之一的莫寧放棄了三場比賽，飛越大半個地球，從悉尼飛回邁阿密，他的目的就是為了趕上女兒的降生，陪着妻子見證女兒的出生。對他來說，女兒出生的那一刻比那三場比賽重要得多。

此外，還有美國家庭教育大師杜布森博士，在他的青春叛逆時期，母親感到已經管教不了他時，父親老杜布森放棄了自己在遠方的事業追求，回到妻子身邊做一份平常的工作，他認為教養孩子是他更重要的職責。

當然，還有那些在事業上我們普通人根本無法企及的人，也成為好父親，他就是我們前面提到過的王永慶先生。他很忙，可謂日理萬機，但是他要求兒子、女兒每週寫一封家書，而且不能記流水賬。他的女兒王雪紅在美國留學期間，每隔一段時間，就會收到父親的來信，每次都是滿滿幾大頁紙。在信中，父親並不是簡單地詢問學習情況和身體情況，還將自己對於企業的看法、經營以及人生的看法傾注於筆端。對於父親的信，她後來坦言「當時看不懂」，但是懷着尊崇的心情，每一封信她都認真讀下來。如今，這些信卻成為王雪紅時時汲取營養的「管理聖經」，她的性格和做事風格都變得越來越酷似王永慶，成為台灣最成功的女商人之一。

曾經在克林頓競選總統過程中立下汗馬功勞的美國政治顧問卡爾維曾說過：「第一點，薪水並不很重要；第二點，爸爸很重要。」他真正理解了當一個父親的意義所在。

孩子的童年時光很快就會過去，如果一位父親能在孩子幼時就付出心力，捨得花費時間在孩子身上，那麼當孩子長大成人以後，父親將能繼續在他的生活中佔據一席之地。如果一位父親忙於事業而無暇顧及孩子，在孩子的生活中若有若無，孩子將來長大成人後，也會在父親的生活中若有若無，這不是孩子的刻意報復，而只是習慣使然。孩子已經習慣了生活中沒有父親，也不習慣在父親的生活中出現。

天下的父親們，既然選擇做父親，就要重視父親在孩子生活中的

作用。做父親的底線是職業與家庭並重。你要知道：你忽視家，家便忽視你。

做智慧型父親，尊重孩子的獨立人格

魯迅先生曾說，中國人做父母最大的問題是，「小的時候，不把他當人，大了以後，也做不了人」。

父母生育了孩子，無形中就產生了一種心理優勢：我生你、養你，你是我的，你得按我的要求、我的希望去做⋯⋯因此，在表面上看來，父母像對待「小皇帝」、「小公主」一樣對待孩子，但在他們心裡並不一定承認子女的平等地位和個人選擇的機會與自由。正是這些傳統思想造就了許多粗暴的父親，粗暴的父親是極不尊重孩子的獨立人格。

父親需要超越粗暴，用更有智慧的方法來對待孩子發展中出現的問題，首先要做到的便是尊重孩子的獨立人格，即尊重孩子的未成熟狀態，尊重孩子選擇的權利、犯錯誤的權利。詩人紀伯倫在《先知》中曾對父親們作出這樣的勸告：

你的子女並非是你的子女，
他們是由於生命對生命的渴望
而誕生的兒和女，
他們從你身邊經過，但不源於你，
儘管他們和你在一起，但並不屬於你，

你可以給予他們愛，卻不能讓他們想，

因為他們自己會思想……

你可以努力像他們那樣，

但不要使他們與你相像，

因為生活既不倒退也不停留。

對於這種思想，中國的父母們可能覺得有些超前，但仔細思考一下，還是很有道理的，孩子是一個獨立的人，我們教育的目的，也是為了把孩子培養成獨立的、能自我負責的社會公民。

下面的這段經歷是我尊重了女兒的選擇權利，女兒經過理智權衡後作出了她自己的選擇。

2000 年的某一天晚上，我正在看電視新聞，一位朋友打來電話，說美國國務卿奧爾布賴特來北京了，明天計劃參觀國貿的一家網吧，邀請我女兒參加這次活動。

我當即把這個消息告訴了女兒，不料，女兒不假思索地回答：「奧爾布賴特有什麼了不起？我不去！」

我有些不悅。心想：這是一次多麼難得的機會，怎麼能如此輕易放棄？但我意識到了，這是孩子的權利，應當尊重孩子的選擇。於是，我平淡地說：「隨你便，這是你的權利，去不去答覆人家就行了。」

見我毫無強迫之意，又專心看電視，女兒又轉過頭來，探詢地問道：「老爸，你說我去好還是不去好？後天我要考物理了。」

我很客觀地回答：「奧爾布賴特的確沒什麼了不起，但畢竟是國

際少有的女政治家，你與這樣的風雲人物接觸一下，增加一些閱歷比考物理重要。況且，頂多幾小時的事，也算休息，你不是也很喜歡上網嗎？」

女兒似乎有所悟，點點頭說：「五分鐘後我作決定！」

女兒趴在沙發上盤算了五分鐘，鄭重其事地宣佈了她去的決定。

第二天早晨，女兒穿一件黃色 T 恤和綠裙子，穿過美國保安人員的重重包圍，進入了國貿附近的那家網吧。當身穿大紅風衣的奧爾布賴特走近她時，她輕輕地與其打招呼和交談。事後，女兒慶幸自己來對了，說：「我在日本時見過小淵惠三首相，這次又見到了美國國務卿，開開眼界比讀書重要。」

這件事讓我沉思良久。我想，沒有尊重就沒有教育，只有受到尊重的人，才能真正學會自尊，而只有自尊才能學會做人。孩子雖然年齡小經驗不足，但再小的孩子與大人也是平等的。

上面我們提到的那個父親蔡笑晚，他曾遇到過兒子不聽從管教的事情，他選擇讓孩子去經歷、去體驗、去犯錯誤，結果是兒子最後迷途知返①：

《霍元甲》、《少林寺》等武俠片風靡內地時，老四蔡天潤天天嚷着要練功習武、除惡揚善，周圍人怎麼勸阻都無濟於事。

---

① 蔡笑晚、趙明宇：《「五博士之父」的教子經》[J]，《半月選讀》，2007.18。

1986 年 9 月的一個清晨，老四鄭重其事地向家人道別，要獨自前往河南嵩山少林寺學習正宗武術。對兒子的決定，蔡笑晚提心吊膽，但沒阻攔他，而是告訴他：做自己想做的，但要對自己的選擇負責，要留心體察社會。個性倔強的老四當場寫下保證書：今生絕不後悔。

老四走後，他們一直保持通信。終於有一天，他在信中寫道：「習武雖有用，但是未來社會，還是先掌握知識要緊。」離家一年後，老四回到高三課堂，後來考上重點大學。

按照聯合國《兒童權利公約》和《未成年人保護法》的規定，18 歲以下的兒童或叫未成年人具有生存權、發展權、參與權、受保護權等基本權利。成年人只有尊重兒童及青少年的這些權利，才能與其平等對話。從心理與教育的角度來說，一個人只有在自尊自願的狀態下，才能釋放出自身的潛能，與那些正向的資訊對接，從而在參與中真正獲益。

做寬容型父親，讓孩子在體驗中成長

下面這位父親做得很好，很值得父親們學習。他發現兒子偷偷吸煙時，沒有當面指責，也沒動用粗暴手段，而是用他的尊重與寬容，曉之以理，讓孩子自己選擇[1]：

---

[1] 樊富莊：《球王貝利：我向父親發過誓》[J]，《小讀者》，2004.8。

有一個小名叫迪科的男孩，一天，他和幾個小夥伴躲在一棵大樹下偷着抽煙，正巧被路過的父親看見了。父親平時一向對他管教很嚴格，迪科嚇得左右躲閃，一時不知如何是好。但這次父親只是朝他們招招手，什麼也沒說。

　　迪科回到家，父親注視着他，不動聲色地說：「我看見你和桑尼他們抽煙了！」

　　迪科低着頭，沒吭聲。

　　「你抽過幾次了？」父親的聲音仍然十分平靜。

　　「沒抽過幾次……」迪科小聲回答。他真希望父親儘快揍他一頓算了，因為等待的滋味更難受。但是，父親似乎沒想要懲罰他，反而像朋友一樣，將大手輕輕放在迪科的肩膀上，說：「孩子，你將來不是想做一名優秀的足球運動員嗎？你說過的話現在還算數嗎？」

　　「算的。」迪科小聲回答。

　　「一個運動員需要有良好的身體素質，從現在開始，你就得克服身上的一切壞毛病，否則你的理想最終會變成泡影！」說到這裡，父親的聲音漸漸沉下來了，彷彿表現出了一絲遺憾。但就一瞬間，父親臉上的表情又變嚴肅了，說：「如果你真想抽煙的話，最好自己去買，老是抽別人的煙是很不體面的！」說着，父親從兜裡掏出一個破舊的錢夾，裡面有幾張破舊的紙幣。

　　迪科覺得臉上一陣燒熱，幾乎要哭出來了。父親為了維持一家人的生活，起早貪黑去幹活，掙點微薄的薪水，僅勉強夠全家餬口。

　　「迪科！」父親的聲音提高了許多，「你將來如果想做一個沒有出息的煙鬼，那就把這些錢拿去買煙；如果你想成為一名優秀的足球運

動員，你知道應該怎樣去做！」父親將錢夾遞到迪科的眼前。

這時，迪科想起以前父親對他說過的話：一個人如果想做點讓人羨慕的事，必須戰勝許多困難，但首先要戰勝自己！

一個星期後，小夥伴們又來找迪科。「這可是真正的美國貨呀！」桑尼手裡拿着一盒「駱駝」牌香煙在迪科眼前晃動着。

「我們這次到河邊去抽，你父親肯定不會看見的！」柯倫拍着胸脯保證。

「我向父親發過誓，以後再也不碰香煙了！」

迪科說得十分堅決。

「迪科，你不是個真正的男子漢！」夥伴們顯得很失望。「我可不想做個抽煙的男子漢！」迪科的回答非常乾脆。

幾年後，巴西出了一位聞名世界的名叫比利的球王，他就是當年那個向父親發誓不再碰香煙的男孩——迪科。

比利在談到自己的成功時說：「這一切都應歸功於我的父親，當初如果沒有他的教導，真不知道我會成為一個什麼樣的人……」

設想一下，如果比利的父親是一個粗暴的父親，發現兒子偷偷抽煙時，火冒三丈，抑制不住自己的怒火當面訓斥孩子，如果孩子一旦表現出少許的不敬，父親就有可能動手動腳。兒子的面子沒有了，在朋友面前的尊嚴也沒有了，而這些都是青春期的孩子特別在意的，青春期本來就是一個充滿叛逆的年齡，他就有可能因為尊嚴受到侵犯而頂撞父親，父子之間的衝突就會升級，孩子極有可能為了反抗父親而繼續抽煙，甚至變本加厲。反之，父親的尊重使比利反思自己的行為

及其對前途的影響，自己作出不再抽煙的決定，因此，這種決定具有很強的持久性。蘇霍姆林斯基曾說過：「有時候寬容引起的道德震動比懲罰更強烈。」

可以說，寬容是一種智慧，是一種特殊的愛，是一種勝過懲罰的教育。父親有了寬容之心，效果會格外明顯，因為嚴父的寬容讓孩子更為難忘。

做體貼型父親，
讓孩子感受到父愛

有這樣一個故事：

一個下雨的晚上，雷電使一個孩子感到害怕，他在黑暗中叫喊：「爸爸，快來，我害怕！」

父親說：「哦，孩子，別怕，上帝愛你，也會保護你！」

孩子說：「我知道上帝愛我，可現在我要一個摸得着的上帝。」

孩子需要的是一個能摸得着、看得見的老爸，一個體貼的老爸。

中國人民大學校長陳雨露有一次問女兒：「什麼是好父親？」女兒這樣回答：「好父親是 90% 的溫柔，10% 的冷峻。」

中國的體貼老爸多嗎？

現實生活中，有太多的父親卻不敢表達愛。有些父親是受限於嚴父的偏見，因為中國有句老話，叫「嚴父慈母」，許多父親為了保持所謂的尊嚴，往往把父愛隱藏得很深，深到幼小的孩子無法感知。傳統上，含蓄是中國男人的特色，許多父親不敢直接表達對孩子的關愛，孩子往往無法理解這種關愛，他們可能把含蓄誤解成冷漠。在孩子最需要父愛的童年時期，他們卻沒有能力讀懂父愛。

沒有被孩子感知的父愛對孩子其實沒有影響力，孩子無法理解的父愛對孩子也沒有影響力。

有更多的父親不善於表達愛。他們愛孩子，但不知道以什麼樣的方式表達，比如有些父親習慣以金錢表達對孩子的愛，以為滿足孩子

的各種需求，甚至有能力滿足孩子的不合理需求就是愛。這樣的父親，當你們年邁體衰多病時，你們的孩子也會用錢來表達他對你的愛，因為你們已經習慣用這種方式交流，來表達愛。

魯迅先生曾說過，「無情未必真豪傑，憐子如何不丈夫」。他是這樣說，也是這樣做的。有一次，在魯迅先生招待客人的飯桌上，兒子海嬰把吃到嘴裡的魚丸吐了出來，大叫「魚丸不新鮮」。母親許廣平夾了一隻品嚐後說：「很新鮮啊！」在這種情況下，會有多少父母指責孩子不懂事呢？可是，魯迅先生卻把小海嬰吐出來的魚丸放到嘴裡嚐了嚐，認真地說：「真的不新鮮嘛！」叫來店家一問，原來店家燒的魚丸中，有一半是新鮮的，還有一半確實是不新鮮的，小海嬰吃到的魚丸恰好就是那不新鮮的。

魯迅先生希望父親們能夠突破傳統思想的束縛，成為一個愛孩子的體貼老爸。

體貼老爸留給孩子的往往是終生難忘的溫馨記憶，被譽為是 20 世紀偉大的心靈導師和成功學大師的卡耐基先生，曾在書中深情地回憶自己體貼的父親：

我五歲那年，父親花 50 美分給我買了一隻黃毛小叭狗。我給它取名叫蒂彼。蒂彼是我童年的光明和歡樂。每天下午四點半左右它都坐在前院裡，它那美麗的眼睛凝視着小路，一聽到我說話，或一見我拎着飯桶從灌木叢中穿過，它就像子彈一樣衝出來，接着氣喘吁吁地跑上山坡，興奮地又跳又叫地歡迎我。

小狗蒂彼一直陪伴了我五年。後來在一個悲慘的夜晚──我永遠

也忘不了——它被雷電擊死了。當我清晨走出屋外，抱着蒂彼——已經不再歡躍地迎接我的蒂彼，難過的眼淚嘩嘩地流了下來。我難過極了，無論我如何喚它，也喚不醒它了。父親沒有催我去吃早點，也沒有提醒我該上學了。他默默地拿着一把鐵鍬，走了過來，拍了拍我的頭，讓我抱着蒂彼的屍體隨他一道來到後花園裡。

父親默不做聲地為小狗蒂彼掘了一個墓穴，然後將蒂彼的屍體十分莊重地放在墓穴內。他為墓穴遮了一些土以後，把鐵鍬遞給我，說：兒子，我知道你很喜歡蒂彼，你親手給它築墓，心裡也許好過些。將蒂彼埋葬之後，我覺得心裡好受多了。我對父親充滿了感激之情，他洞悉我內心的憂傷。我把鐵鍬扔到地上，緊緊抱住父親。父親臉上露出和藹的笑容，撫摩着我的頭說：你能這樣做我很高興。蒂彼愛過你，你為它傷心是很自然的。

父親如此體貼我，使我感覺到：他的心是和我的心連在一起的。他關心我，我的喜怒哀樂也是他的喜怒哀樂。

塞德爾·斯邁爾斯說過：「兒子就是父親的鏡子，父親哪怕是有意無意的一瞥都有可能在孩子們的心中產生難以磨滅的痕跡。正是父親毫不經意的細小行為給了孩子巨大的影響。父親的體貼對小孩的良好影響往往能給他以後的成長起巨大的促進作用。」我認為確實如此，這不僅關係着家庭幸福，也關係着孩子以後的成功與幸福。

如何讓孩子感受得到來自父親的關愛，成為一個體貼的老爸？

要做到這一點，父親們需要突破兩大障礙：一是勇於表達愛，二是學會表達愛。

父親們要認識到：對孩子表達愛並不會危及到父親的權威，孩子們需要的是一個有血有肉、有說有笑的老爸，而不是整天板着臉滿臉寫着威嚴的老爸。

　　人是情感性動物，孩子只有在情感上認同父親，才更容易聽從父親的指導與命令。在兒童及青少年時期，孩子們既需要來自母親的接納與關愛，也需要來自父親的接納與關愛。來自父母雙方的接納與溫暖，更有可能讓孩子體驗到家庭的溫暖，缺少了任何一方，孩子感受到的愛都會變得殘缺不全。

　　有些父親擔心關愛會讓男孩變得脆弱，這大可放心，心理學研究表明，來自父親的關愛會讓孩子的安全感得到極大滿足，男孩因此更大膽地探索未知的世界，敢闖敢幹，充滿探索與冒險精神，遇到危險的時候，來自父親的關愛讓他面對困難，想辦法克服困難，因為他們知道父親是他們可靠的臂膀、堅實的後盾。來自父親的關愛會使女孩感覺更加溫馨，父親的溫情與欣賞讓她們知道如何成長為一個好女孩，讓她們在與其他異性打交道時更加自信。

　　此外，父親還要學會如何表達愛。表達愛的方式其實有很多，只要發自內心，一言一行或者一顰一笑都可以表達對孩子的關愛。用言語表達對孩子的關愛是最常見的一種方式，父親可用一些積極的語言來表達關愛，直白一點的，不妨用「爸爸愛你」；稍含蓄一點的，可以用間接的表達方式，「爸爸開心得不得了」。對於年幼的孩子，他們的理解能力還是很有限，直白式的表達最好，最容易使他們感受到父親的關愛。隨着孩子年齡的增長，父親可以用含蓄一點的方式，但直白式的表達仍然適用和重要，哪一年齡階段的孩子都需要確認來自

父親的關愛。

　　除了言語，父親的行為當然也可以表達愛。一個親吻、一個擁抱，都讓孩子感受到父親熱烈的愛；一個微笑、一個拇指，都讓孩子感受到來自父親真摯的愛；一杯熱茶、一把雨傘，都讓孩子感受到來自父親體貼的愛。只要有心和敢於表達，父親可以找出許許多多表達愛的方式。

做溝通型父親，學會與孩子溝通

下面是爸爸們經常碰到的兩個場景：

場景一

星期天早上，兒子吃完早飯，穿好衣服，準備出門。父親走過來，眼睛望着兒子，開始了對話：

父親：幹什麼？

兒子：出去！

父親：去哪？

兒子：不去哪！

……

場景二

星期五下午六點，上小學四年級的十歲女兒拖着沉重的腳步走進家門，沮喪寫在了她的臉上。她告訴父親，數學考試又考砸了，這次是 58 分，仍然沒有及格。爸爸看着垂頭喪氣的女兒，試圖安慰她：

女兒：我太笨了！

父親：你不笨！

女兒：我真的很笨！

父親：你很聰明！

女兒：我快要笨死了！

父親：你一點也不笨！

女兒：哭着摔上了房門。

⋯⋯

在以上兩個場景當中，我們看到了溝通失敗的父親。

第一個父親可能是出於對兒子的關心（當然也可能想控制兒子的行蹤），試圖跟兒子溝通，但是溝而未通，表面上兒子回答了，但實際上等於沒有回答，說出的都是沒有實際意義的廢話。

第二個父親出於關心，試圖安慰因數學成績不及格而沮喪不已的女兒，但是他沒有關注女兒的感受，只是翻來復去地告訴女兒不笨，他也沒有與女兒一起尋找建設性的解決問題的辦法。溝通之前，只有女兒感到沮喪；溝通之後，父女倆的心情都變差了。

以上兩個溝通場景，是不是在我們的生活中經常出現？那些過於嚴厲的父親，往往聽不進孩子說什麼，嚴厲的老爸往往用一大堆大道理不斷地向孩子灌輸，他們根本不知道孩子已經對此難以忍受了，老爸的說教變成了對他們的一種折磨。那些粗暴的父親們，根本不去聽孩子說了些什麼，他們往往自以為是，習慣用粗暴的手段強制孩子服從，他們認為拳頭比舌頭更有力量。當然，還有更多沉默的老爸，他們不知道怎麼樣表達自己的關愛與管教，習慣用「沉默是金」來安慰自己，他們實際上留給孩子的可能是冷漠的印象。

總結而言，在溝通方面，父親經常在兩個方面出問題、犯錯誤，一是不會聽，父親們經常聽得太少；二是不會說，父親們經常說得太多。這兩個毛病，許多老爸往往一個都不缺。要成為一個好老爸，這兩個毛病都要改掉。

如何改掉這兩個毛病，成為一個擅長溝通的老爸呢？

第一點，也是最重要的，就是老爸要學會如何傾聽。著名哲學家蘇格拉底說過一句話：「自然賦予我們人類一張嘴、兩隻耳朵，就是讓我們多聽少說。」這真是一句至理名言，值得父親們反思和反省。

如何學會聽呢？

在「聽」字當中，「聽」字包括左偏旁「耳」，右邊有兩個偏旁，一個是「罒」，它就像一雙眼睛，還有一個偏旁是「心」，即用心，這才是「聽」的真正含義：用耳朵聽，用眼睛看，用心去體會。這種「聽」，往往被稱為「傾聽」。

父親如何才能成為一個好的傾聽者呢？第一是要專注。當孩子表達出溝通的需求時，父親要放下手中的事情，把注意力集中於孩子身上。父親不能一邊看報紙或看電視一邊聽，也不能表面上在傾聽，其實腦袋裡在想其他的事情，專注意味着這段時間是屬於孩子的，傾聽是爸爸的唯一任務，專注的做法是用眼睛望着孩子，用心去聽懂孩子的談話。第二是要學會聽懂孩子真正想表達的意思。當孩子傷心或高興的時候，孩子言語中的情緒是爸爸需要聽懂的東西，這種傾聽要運用同理心，把孩子的情緒和情感映射出來，並接納孩子的情感。

對老爸來說，傾聽的最大好處可能就是孩子願意把你們當朋友，願意與你們分享他生活中的喜怒哀樂，願意聽從爸爸的建議。最長遠的好處就是當爸爸年邁時，他們願意坐下來傾聽爸爸的情感。

雖然對爸爸來說，溝通主要是聽，但也需要學會恰當地說。何為恰當？當孩子體驗成功時，爸爸要學會表揚他們；孩子受挫折時，爸爸要鼓勵他們；孩子犯錯誤時，爸爸還要學會批評他們。該說的時候

不說，爸爸就失職了，因此，溝通自然包括說話的藝術。下面着重談談父親該如何表揚鼓勵和如何批評：

在表揚鼓勵方面，我們提倡的是描述式表揚。表揚主要有兩種方式，一種是評價式表揚，它是結果取向的，直接指向孩子的品質或性格，對孩子的品質或性格作出積極評價，如：「孩子，你真棒！」「孩子，你做得太出色了！」另外一種是描述式表揚，它是過程取向的，主要指向孩子的努力以及父母對孩子的行為的感受，讓孩子自己得出結論。如表揚一個孩子的房間很乾淨、很整齊：

評價式表揚：「你真是個愛乾淨、愛整潔的孩子！」

描述式表揚：「地板真乾淨，都照出人影了，被子疊得很整齊，像豆腐塊，走進你的房間，讓人感到很清爽、很舒服！」

評價式表揚因為直接指向孩子的人品或性格，它往往太直接了，像直射的陽光一樣刺得人不舒服，還使孩子過分重視結果，過於在意其他人的表揚而刻意地爭取他人的讚賞，這往往會把孩子吹捧壞的。描述式表揚像和風細雨，讓人容易接受，使孩子根據他人的描述自己去得出一個積極的結論，這有助於孩子形成積極的自我概念。而且，描述式表揚指向的是過程及孩子的努力，為了獲得他人的表揚，孩子會更加努力，而不會讓孩子自命不凡，過於驕傲自滿。

與表揚一樣，批評也可以分為兩種，一種是評價式批評，它是結果取向的，直接對孩子的品質或性格做出消極評價，如：「你真是一個不聽話的孩子！」「你真討厭！」描述式批評則是過程取向的，主要通過描述孩子不好的行為本身及父母對此的感受，讓孩子自己得出行為不妥或錯誤的結論。如批評一個進家門就亂丟亂放鞋子的男孩：

評價式批評：「說你多少次了，你都不聽，你的耳朵到底幹什麼用的，真是沒腦子！」

　　描述式批評：「你的鞋子又亂放了，我進門時差點絆倒我，我真的很生氣！」

　　評價式批評因為直接指向孩子的人品或性格，因此對孩子的自我概念造成傷害。直接的批評往往會激發孩子的逆反心理，孩子會因此拒絕接受這種負面評價。當然，評價式批評還會惡化批評者和被批評者的人際關係，其結果往往也不好，因為它所指向的人品或性格往往是難以改變的。相反，描述式批評指向的是孩子的行為，描述的是批評者的感受，比較溫和，往往不會激起被批評者的逆反心理，接受起來更容易一些，錯誤的行為是比人品或性格更容易改變的。

第三章

再忙也能做個好父親

現代社會是一個忙碌的社會，社會的節奏在日趨加快，有人説今天的社會以七倍速度前進：以前需要七年完成的任務現在一年就完成了，以前用七個月完成的工作現在一個月就完成了，以前用七天完成的工作現在一天就完成了，以前七個小時完成的工作現在一個小時就完成了。其實，在某些方面，速度快了何止七倍，以前一封信需要幾天甚至十幾天的時間才能到達，現在一封電子郵件，眨眼的功夫就已到達收件者的信箱裡。社會的快節奏，使現在的許多爸爸都整天忙忙碌碌，成為不折不扣的「忙碌爸爸」。有些爸爸，在忙忙碌碌中失去了目標，迷失了方向，忘記為人之父的責任，置他們的孩子於各種危險之中。有些忙碌爸爸找出各種理由來為自己推卸責任，認為自己忙碌都是為了這個家，為了房子更大些，為了孩子生活的更好些，為了讓孩子讀一個更好的學校……到頭來，他們看到是一個陌生的孩子。許多爸爸疑惑：忙碌爸爸還能成為好爸爸嗎？有些爸爸，雖然他們也很忙碌，但他們仍牢記為父的責任，他們知道職業重要，孩子的教育更不能耽擱，他們擠出時間，他們在孩子的成長中發揮着關鍵的作用，他們收穫的是長久而深厚的父子親情。

　　忙碌是這個時代的特徵，已是一個無法改變的事實，關鍵是爸爸們如何在這忙碌紛繁的生活中找到平衡，承擔好教養孩子的責任。

　　我們認為：忙碌的爸爸絕對能成為好爸爸，只要爸爸自己願意，勇於堅持，方法得當。

1. 態度是第一位的

2002 年帶領中國國家隊第一次闖入世界盃的傳奇足球教練米盧曾說過一句話,「態度決定一切」,給我們留下了深刻印象。忙碌爸爸要成為一個好爸爸,態度是第一位的,忙碌爸爸如果能把孩子的成長看作他最重要的責任之一,那麼他就有可能成為一名好爸爸。

下面這些爸爸都是忙碌爸爸,比我們生活中的絕大多數爸爸忙得多,但這並沒有妨礙他們成為一名好爸爸。

李嘉誠是華人圈裡無所不知的富人、商人、慈善家,他的日程可謂繁忙,他絕對是一位忙爸爸,但也絕對是一位好爸爸。在兩個兒子身上,李嘉誠傾注了無數的心血和智慧。當李澤鉅和李澤楷長到八九歲時,李嘉誠召開董事會時,就讓兒子坐在專門設置的小椅子上列席會議。兩個兒子很小的時候,李嘉誠就帶他們體驗生活的艱辛。李澤鉅和李澤楷經常與父親一起擠坐巴士,上學也是如此,以至於兩個孩子經常悶悶不樂地向父親發問:「為什麼別的同學都有私家車專程接送,而您卻不讓家裡的司機接送我們呢?」每次聽到兄弟倆的質疑,李嘉誠都會笑着解釋:「在電車、巴士上,你們能見到不同職業、不

同階層的人，能夠看到最平凡的生活、最普通的人，那才是真實的生活、真實的社會；而坐在私家車裡，你什麼都看不到，什麼也不會懂得。」

除此之外，李嘉誠給兒子們的零用錢也少得可憐。兩個兒子小的時候常常懷疑，自己的父親是否真的像別人所説的那樣富有。李嘉誠還常常鼓勵李澤鉅和李澤楷勤工儉學，自己掙零用錢，李澤鉅和李澤楷在很小的時候就開始做雜工、侍應生，李澤楷在相當長時間每個星期日都到高爾夫球場做球童。

李嘉誠還以自己作為勤奮讀書的榜樣，讓孩子養成勤奮學習的好習慣。在李家兄弟的童年時期，每天晚上，辛苦了一天的李嘉誠都會坐在書桌前閱讀、自學外語。每逢星期日，李嘉誠就會帶兄弟倆一起出海游泳，而游完泳後，必定要給他們上一堂嚴肅的國學大課。他會拿出隨身帶着的《老子》、《莊子》等書，一句一句讀，然後再一個字一個字解釋給兒子聽。

洛克菲勒是世界上第一個擁有十億美元財富的超級富豪。洛克菲勒認為富裕家庭的子女比普通人家的子女更容易受物質的誘惑，因此對後代的要求比普通人家更加嚴格，在金錢上從不放縱孩子。洛克菲勒對孩子的日常零用錢十分「吝嗇」，按年齡大小給零用錢，七八歲時每週三角，十一二歲時每週一元，12 歲以上者每週二元，每星期發放一次。他還給每個孩子發一個小賬本，要他們記清每筆支出的用途，領錢時交他審查，錢賬清楚、用途正當的，下週還可遞增五分，反之則遞減。

零用錢不夠的話，孩子們可以通過做家務賺取，例如，捉到 100

隻蒼蠅能得一角，逮住一隻耗子得五分，背菜、垛柴、拔草又能得到若干獎勵。後來當選副總統的二兒子納爾遜和興辦新工業的三兒子勞倫斯，還主動要求合夥承包全家人的擦鞋業務，皮鞋每雙五分，長筒靴一角。當他們十一二歲的時候還合夥養兔子賣給醫學研究所。

從長遠來看，孩子的發展遠遠比職業重要，更比金錢重要。因為孩子的發展是不能等待的，錯過了兒童青少年成長的關鍵時期，孩子一旦長大以後，父親往往無能為力了。如果因為父教的缺席而導致孩子的發展出現了偏差，想糾正也難有機會了，得不償失，就只有遺憾的份了。每一位父親都應該反省自己的教養態度：是不是把孩子的發展放在了一個重要的位置？

在孩子成長的關鍵時期，父親應該協調好職業發展與教養責任的關係，寧可讓自己的職業發展慢一些，寧可做出一些犧牲，也要重視孩子的教育和成長。

盛大網絡總裁陳天橋曾是一個網絡狂人，一般每天 8 點鐘左右起床，9 點鐘到公司開始一天的工作，中午和晚飯都在食堂就餐，一直工作到晚上 11 點左右下班回家，週六週日加班更是家常便飯。2004 年，他的公司在美國納斯達克上市，其身價上升為 150 億人民幣，成為當時的內地首富。

成為首富之後，有一次接受記者採訪時，他正在吃飯盒，記者問他，生活習慣與當首富是否有直接聯繫？他笑着回答：「當不當首富，我的生活都不會有什麼變化，我將繼續吃我的飯盒。」記者說：「你已經是首富了，擁有幾輩子都花不完的錢，還需要拚命工作嗎？」陳天橋搖搖頭：「我還沒發現值得讓我改變生活習慣的事。」

兩個月後，再度採訪陳天橋的記者驚奇地發現，陳天橋的生活節奏發生了巨大變化。十年來從沒有休過雙休日的他週末基本上不再上班了。記者笑着問他：「我説的沒錯吧，幹工作不要那麼玩命，你早就該好好享受生活了。」陳天橋説：「你説對了一半。我現在的確在改變，也在享受生活，但你知道是什麼原因讓我改變的嗎？」記者笑着搖頭。陳天橋指着辦公桌上一組嬰兒照片告訴他：「上個月，我女兒出生了。現在，我的雙休日屬於我的女兒，我得給她餵牛奶，唱兒歌。」陳天橋掩飾不住初為人父的喜悦，高興地對記者説：「當父親比當首富重要。」

2. 愛的城堡是由時間築成的

　　相信每一位父親都是愛自己的孩子的，但是，為什麼許多孩子認為父親不愛他呢？因為愛是一個動詞，它是由時間和質量構成的，父親對孩子的愛需要時間。愛孩子，意味着願意為孩子付出自己的時間，它需要足夠多的時間，需要一定量的「黃金時間」以及「關鍵時刻」。

孩子需要的是爸爸的時間

　　孩子往往會把父親的愛跟父親的時間直接掛鉤，在孩子的眼裡，「愛我」就等於「花時間陪伴我」，時間就是愛的標誌物。

　　一位父親在日記裡寫道：「今天和兒子去釣魚，又浪費了一天。」

　　兒子當天也寫了日記，內容是：「今天和父親去釣魚，可以說是我出生以來最得意的一天。」

　　「爸爸，我向你借一天，陪我玩一次，長大後我會還你100天。」

　　這是一個孩子向父親的訴求。他的父親是一名長途車司機，每天

早出晚歸，有時甚至一連幾天不回家。從孩子記事起，就一直過着沒有父親的生活。父親忙工作，從沒陪孩子過一次兒童節，甚至忘記了兒子的生日。孩子說：「六一兒童節那天，看着別的小朋友和他們的爸爸一起開心的樣子，我就恨爸爸。我想問爸爸，難道地球離了你真的就不轉了嗎？」

還有這樣一個故事[1]：

有個爸爸很晚才下班，回到家看到五歲的兒子站在門口，爸爸這時已經很疲憊，也很煩躁。

「爸爸，你能告訴我你一個小時掙多少錢嗎？」

「兒子，這不應該是你問的問題。」

「可我想知道，爸爸。」

「好吧好吧，我一小時掙 20 美元。」

「那……爸爸，我可以跟你借九塊錢嗎？」

爸爸聽了孩子的話有點生氣，他煩躁地告訴孩子，爸爸已經很累了，不要再胡攪蠻纏了，趕緊睡覺去。

「我每天工作已經夠辛苦了，不要再拿這些無聊的事來煩我。」爸爸生氣地說。

小男孩一臉委屈地回到自己的房間去了，過了一會兒，冷靜下來的爸爸開始對自己先前的態度感到不安。

---

① 布魯斯·羅賓森：《忙碌爸爸也能做好爸爸》[M]，徐立譯，江蘇教育出版社，2009。

「我剛才的話有點重了，這是九塊錢，拿去吧。」

小男孩開心地從床上跳起身，然後從被子底下掏出一疊皺巴巴的零鈔。

看到這情景，爸爸的火氣又升騰上來了：「你不是有錢嗎？幹嗎還要借錢？」

「剛才……還差九塊錢。」小男孩有點怯生生地回答。

「爸爸，我想讓你陪陪我。我有 20 塊錢了，可以買你一個小時嗎？」

在孩子的眼中，錢沒有那麼重要，爸爸的陪伴更重要。有一些忙碌的爸爸其實內心裡很愛孩子，但是孩子卻感受不到，認為父親不愛自己，就是因為爸爸沒有花時間陪伴孩子。

孩子需要足夠多的親子時間。如果爸爸安排的親子時間太少，他的心態就會顯得急躁，急躁之下，本來用於促進親子關係的時間就可能成為破壞親子關係的時間。比如，有一個父親，他每天安排 20 分鐘的親子時間，而且時間固定：晚上 9 點到 9 點 20 分。他很忙，即使是晚上還有好多事情要做。結果，一等到晚上 9 點，他就希望兒子抓緊時間過來接受老爸的教育，而兒子可能因為其他事情（比如心愛的動畫片）耽誤幾分鐘時間，父親就感到不耐煩，劈頭蓋臉地訓斥孩子不珍惜爸爸的時間，訓斥孩子不理會自己的一片苦心，結果弄得氣氛很壓抑，結果適得其反，父親越是教育，父子間的關係就越差。有些父親，因為時間緊，而有太多的事情需要告訴孩子，所以往往就採取說教的方式，親子時間成了長篇大論式的演講，孩子自然沒有興趣聽那

些不斷重複的大道理。

如果有足夠多的親子時間，父親的心態就會平和下來，耐心地跟孩子溝通交流，去做一些孩子喜歡而不是父親喜歡的事情，注意傾聽而不是不停地說教，父親的愛心就會被孩子慢慢體會到，讓孩子感覺到父親很愛自己很在意自己。

關於多少時間屬於足夠多的時間，當然沒有明確的標準，我們認為，爸爸每天需要至少抽出半小時的時間，才能基本滿足孩子對父親的需要。

創造親子的「黃金時間」

足夠多的親子時間是一個前提，但更重要的是親子時間的質量，質量重於數量。如果對孩子不理解、不尊重，即使天天與孩子在一起也會讓父子、父女間衝突不斷、日漸隔閡，相見不如不見。孩子更需要的是來自父親的高質量的「黃金時間」。

這種高質量的「黃金時間」有這樣三個特徵：

專注：父親的這段時間是專門預留給孩子的，除非緊急而重要的事情，其他任何事情都不能干擾這段時間。

以孩子的需要為中心：做孩子喜歡做的事情，聊孩子感興趣的話題，就是由孩子來主導安排這段時間談什麼、做什麼。

以傾聽為主：父親要多聽少說，一個善於傾聽的父親才可能是一位好父親。

「黃金時間」可以融洽父親與孩子之間的關係，讓孩子感受到父親是真正在乎自己、關注自己的，這對孩子的安全感和價值感的獲得都具有非常重要的意義。十幾分鐘的「黃金時間」抵得上幾十遍甚至幾百遍內容空洞的「我愛你」。

有一些「關鍵時刻」，是父親千萬不能錯過的，比如孩子的出生時刻、孩子的生日、孩子特別在意的某個重要活動（如某項比賽）。關鍵時刻，主要是針對孩子而言的，即孩子認為非常重要的時刻。這樣的時刻不多，一旦錯過了，父親需要十倍甚至百倍的時間都不一定彌補得過來，因此它們被稱作為「關鍵時刻」。

在「關鍵時刻」，父親的出席和陪伴對父親與孩子關係的發展具有極強的加分效果，可謂事半功倍。這些關鍵時刻往往只有一次或少數幾次，往往給孩子留下難以忘掉的深刻印象。

下面就是幾位忙碌爸爸，他們克服了重重困難，作出了重大的犧牲，就是為了不錯過孩子的「關鍵時刻」

在約翰·霍華德擔任澳洲總理時，他可謂日理萬機，但他還是設法擠出時間參加兒子在學校的辯論賽。當他成為總理後不久的時間裡，有次必須要去昆士蘭視察乾旱地區，而他的小兒子那晚正好有學校的辯論賽，雖然他都要忙暈了，但他還是直接從機場前往學校。兒子特別對他說：「爸爸，謝謝你。我知道其實你前一秒人還在昆士蘭。」

在 1924 年的第八屆巴黎奧運會上，最有可能奪得划艇金牌的是美國的四人組合，其中一位運動員名叫比爾·哈文斯。不巧的是，他的第一個孩子的預產期正好在奧運會比賽期間。而當時，從美國到巴黎，只能乘坐速度很慢的遠洋輪船。比爾進退兩難：如果他去巴黎參

加比賽，就有可能實現自己參加奧運會的最大夢想，並極有可能收穫一枚奧運金牌，卻無法在孩子出生的時候陪在妻子身邊；如果他不去參加比賽，他多年參加奧運會的夢想就無法實現，因為這種機會對他來說只有一次。

雖然許多人，包括比爾的妻子堅持要他去參加比賽，但比爾最後還是決定放棄機會（事實上也放棄了金牌，因為美國隊獲得了該項目的金牌），陪伴在妻子身邊，等待孩子的降生。

28 年後的 1952 年春天，比爾在家中接到了一封來自芬蘭赫爾辛基的電報：「親愛的爸爸，感謝您在 1924 年我出生的那一刻，等候我的來臨。我即將返家，身上還帶着原本應該屬於您的一塊金牌。」他的兒子——富蘭克在第十五屆赫爾辛基奧運會上奪得了加拿大式獨木舟個人金牌，他認為這枚金牌其實也屬於爸爸。

2000 年第二十七屆奧運會在澳洲悉尼舉行，籃球運動員莫寧作為美國夢之隊的唯一中鋒參加比賽。在比賽期間，莫寧放棄了美國隊的三場比賽，飛跨了大半個地球從澳洲飛回邁阿密，他的目的只有一個：親眼看到女兒的降生。當面對媒體的置疑時，他感到很困惑，他不明白為什麼竟然有人問他為什麼為了女兒的出生而錯失比賽。

這些關鍵時刻，往往會給孩子留下許多有關父親的美好的溫馨的記憶，許多孩子長大後對父親美好形象的回憶往往也定格於這些關鍵時刻。

3. 忙碌爸爸的方法和技巧

有了端正的態度以後，忙碌爸爸還需要掌握一下方法和技巧，才能更好地兼顧為父的責任與職業發展，既當一個好老爸，又有好的職業發展。下面這些方法和技巧可供忙碌爸爸們學習與借鑒。

把孩子放進父親的日程表中

現代社會是一個讓人忙碌的社會，每天有太多的事情要做，每天有太多的突發急事。許多爸爸不是不愛孩子，只是因為被一些緊急的事情花掉了太多的時間，留給孩子的時間往往就少得可憐了。爸爸要記住，你不僅是一個職員，還是一位爸爸。

這樣的忙碌爸爸，他急需要一個日程表來指導他的生活。

日程表的製作有一個重要原則，那就是輕重緩急。所有的事務可以根據重要性和緊急程度兩個維度劃分為四個象限，這四個象限構成了一個「時間矩陣」：

時間矩陣		
重要的	**急迫的**	**不急迫的**
	1 級優先	2 級優先
不重要的	3 級優先	4 級優先

既然爸爸認為孩子的成長和教育是重要的，就要在日程表上體現孩子的重要位置。

事情是否重要和緊急，是相對於孩子而言的，孩子有最終的評判權。有些事情，爸爸覺得不重要，但孩子可能覺得特別重要。比如，本週末孩子在學校有一個演出，孩子在其中飾演的角色不重，爸爸可能覺得沒有什麼重要性，但是對孩子而言，這是他第一次登台演出，為此他認真練習了數個星期的時間，他對於登台演出感到有些焦慮，他希望爸爸能在現場給他加油助威。這樣，一個在爸爸眼裡看似不重要的事情對孩子而言卻非常重要。

把孩子的事務放進日程表，有一個好處，就是便於忙碌爸爸提前安排時間。比如，孩子的生日，如果提早安排的話，就有可能避免與其他事情發生衝突。另外，爸爸把孩子的事務放進自己的日程表，讓孩子感覺到他很重要，爸爸時時處處在想着他。每一週爸爸在規劃日程時，問一問孩子有什麼事情需要老爸效勞，會讓孩子從心底裡喜歡爸爸感激爸爸的。

尋找時間
陪伴孩子

如果用心，忙碌爸爸可以發現其實他有很多時間可以當一個好爸爸。

一日三餐的時間就是忙碌爸爸可以尋找的時間。

大多數爸爸屬於上班族或打工族，午餐難得在家裡吃，但早餐一般是在家裡吃的，這就是一個很好的促進親子溝通的機會。為孩子準備一頓豐富可口的早餐，一家三口其樂融融地吃一頓早餐，對妻子對孩子都是美事一樁。

午餐雖然一般不在家吃，但爸爸也可以創造性地加以利用。有一位爸爸，因為起得早沒辦法跟女兒一起吃早餐，晚上還經常加班，所以他學會了利用午餐，每週至少陪女兒吃一次午餐。為了吃這一頓午餐，他事先有詳細的規劃，女兒學校附近有幾家餐館，餐館的電話他都一一記下來，結果在不到一年的時間內，女兒學校附近的餐館被他吃了個遍。女兒其實不怎麼在乎吃的怎麼樣，她在乎的是與爸爸在一起吃午飯的機會。女兒很自豪，雖然爸爸工作忙，但她感覺到爸爸很在乎自己，吃飯時父女倆邊吃邊聊，他們倆都特別開心。

晚飯一般是家裡的主餐，也往往是一日三餐中準備得最為充分的一餐時間。一家人坐在一起，慢慢地吃飯，聊一些開心的事情，聊一聊孩子一天的生活。爸爸多注意傾聽，以一位朋友的身份，顧問的角色幫助孩子分析生活學習中遇到的問題。

就餐是一個美好的過程，多談一些開心的事情。爸爸切記：不要

在吃飯時批評訓斥孩子，那樣做的話，既壞了胃口又壞了心情。

上班前下班後的時間，也是忙碌爸爸可以利用的時間。如果不衝突的話，爸爸可以與媽媽共同分擔接送孩子上下學的責任。上下學的途中是爸爸與孩子溝通的好機會，學習、生活、時事甚至 UFO、外星人都可以是父子交流的內容。在這個過程中，父親注意要多聊一些孩子感興趣的話題。

帶孩子一起去出差

如果忙碌爸爸經常出差在外，那麼也可以嘗試一下帶着孩子出差。這具有一定的挑戰性，同時也需要滿足一定的條件：一、孩子有時間，最好是在放寒暑假。二、孩子具備一定的自理能力（年齡一般不要低於 10 歲）。

帶孩子出差的好處有很多：

第一，能充分利用時間。交通的時間就是爸爸陪伴孩子的時間，工作之餘的其他時間都是爸爸陪伴孩子的時間。

第二，開闊孩子的視野，孩子可以借此走出較為封閉的校園和家庭，接觸複雜的外部世界，打開孩子的視野。旅行的過程就是瞭解世界的過程，他可以見到和接觸到不同地域、不同職業的人，爸爸在工作之餘也可帶孩子參觀當地的名勝古蹟，品味當地的特色佳餚……一舉數得。

第三，增進爸爸與孩子的親子關係。許多孩子往往對媽媽依賴過

多，爸爸與孩子的關係相比較而言有些疏遠，有媽媽在時，孩子更願意跟媽媽交流。出差在外，沒有媽媽在身邊，自然就會創造出許多交流機會，爸爸和孩子都可以借此機會增加對彼此的瞭解。經過旅途的磨合，爸爸和孩子的關係會進一步緊密，使孩子與媽媽、爸爸的關係更加平衡，並有機會擺脫對媽媽的過度依賴。

把運動、休閒、娛樂
與陪伴孩子結合起來

再忙碌的爸爸也需要運動、休閒、娛樂，放鬆緊張工作所帶來的壓力，成長中的孩子同樣需要運動、休息和娛樂，緩解過高的學業壓力所帶來的緊張焦慮。如果爸爸用心，可以試着跟孩子一起尋找共同的興趣愛好，這樣做既滿足了爸爸與孩子放鬆的需要，又滿足了陪伴孩子的需要。

生命在於運動，爸爸和孩子都需要運動來強健身體、緩解壓力，對於身體處於發育期的孩子，運動還是生長身體、增強體質的最佳手段。一般而言，不管爸爸還是孩子，每週都需要三次以上持續 40 分鐘的運動。我們前面提到的國際奧委會駐中國代表李紅，就是從小爸爸陪着跑步並最終養成跑步的習慣的，鄧亞萍也是在爸爸的指引下喜歡上乒乓球運動的。

爸爸可以跟孩子一起商量，尋找一兩個雙方都感興趣的運動項目，共同規劃時間一起進行體育鍛煉。乒乓球、籃球、網球、足球等球類運動都可以，游泳和健身也不錯，當然最方便的運動項目是跑步，幾乎不

需要什麼場地，時間也很自由，最利於爸爸和孩子安排時間。父親與孩子一起運動，不但強健了身體、舒緩了壓力，還能磨練孩子的意志，父親的榜樣是孩子堅持運動的最好動力。運動中的互動交流，還能進一步增進父親與孩子的感情。

爸爸當然也可以把休閒和娛樂跟陪伴孩子結合起來。去公園散步、參觀博物館、打遊戲機等都是不錯的寓教於樂的休閒娛樂方式。

不管運動，還是休閒或娛樂，父親都要尊重孩子的意願，更多地考慮孩子的需求，傾聽孩子的心聲。在這個過程中，父親要學會放低身段，這個時候的父親是孩子的夥伴、隊友或對手，彼此的地位是平等的，只有這樣，親情、友情等感情才能夠得到自由的表達和發展。

用各種方式
表達對孩子的愛

成長中的孩子對愛和關注的需要是非常強烈的，來自父親的關愛可以讓孩子感受到安全與信任，有安全感信任感的孩子往往才能身心和諧健康。

我們前面已經說過，花時間陪伴孩子是一種愛的表達。除了陪伴孩子以外，表達愛的方式還有很多。不管在什麼地方，不管是上班還是下班，父親們都可以找到表達愛的方式。比如午間一個關懷的電話或一個短信，貼在孩子床頭的一張紙條，都可以成為父親表達愛的手段。如果出差在外，父親可以打一個電話、發一個短信、寫一封電子郵件，聊聊出差在外的生活，關心孩子的生活學習，也可以給孩子寄

一張當地的明信片。如果抽時間親筆書寫一封紙信，貼好郵票放進郵筒，對孩子來説可能是一個驚喜。父親們要記住：距離是阻礙，但有時間距離也能產生美——讓爸爸和孩子更加想念對方。

只要有心，父親們可以找出無數種表達關愛的方式方法。

對於忙碌的爸爸們，我們借用著名影星陳道明的一句話：「我覺得男人最大的時尚就是多在家待一待。其實把所有該回家的人都召回家，這個社會就會安定許多。現在許多不回家的人，不是因為事業，而是泡在酒桌上、歌廳裡。如果晚上每個家庭的燈都亮了，那也是一種時尚。」

第四章

好父親，愛妻造

父親和母親對孩子的教育方式不同，特點各異，作用有別。

　　如果把父親比作為風帆，那麼母親則為港灣，對於孩子這艘航船而言，都不可或缺。

　　如果說父親是翅膀，母親則是根繫，父教母教俱備，孩子才能腳踏實地，勇往直前。

　　男人和女人都不完美，所以上帝創造了父親和母親，讓他們共同養育他們的後代。

1. 孩子的成長，需要父母的合力

如果你承認男性與女性在生理上和心理上是不一樣的，那麼你就很容易理解母教為什麼難以替代父教。父親最大的不同是他是男性，他向孩子展現了一個不同於母親的世界。

對父親的獨特之處，美國《父母》雜誌這樣總結：

1. 父親跟母親是不同的。
2. 父親更愛與孩子玩鬧。
3. 父親對孩子的推動作用更大。
4. 父親使用的語言更複雜。
5. 父親對孩子的約束更多。
6. 父親使孩子更社會化，為他走進現實世界做準備。
7. 介紹男人在現實生活中的作用和行為。
……

父愛與母愛是不同的，母教與父教也是不同的。

在接受《解放週末》記者採訪時，我（孫雲曉）提出了自己的一些看法：

《解放週末》：有人比喻，家庭教育中，父親是一棵大樹，母親是一片綠草地。您認為父教與母教有什麼不同？

孫雲曉：我們經常看到這樣的場景，一個孩子摔倒了，媽媽急忙跑上前去攙扶起孩子安慰說：「寶貝不哭，媽媽揉揉。」而爸爸則在一旁說：「不怕，自己站起來！」不僅如此，爸爸和媽媽抱孩子的方式也不一樣。一般媽媽都抱得很緊，孩子感到很安全，很溫暖，但父親一般抱得比較鬆，舉過頭頂，放在肩膀上，給孩子的空間很大，結果孩子一旦感覺到是父親在抱他，就會變得很活躍，膽子很大，很想往上躥。

《解放週末》：在細節處便可感受到兩種教育的不同理念與風格。

孫雲曉：在帶着孩子玩遊戲時，父親和母親的選擇也不一樣。父親往往跟孩子玩的遊戲是肢體性的運動，打球，跑步，爬山，活動的幅度和力度都比較大，而母親往往喜歡帶着孩子玩過家家、講故事這類偏於安靜的活動，運動比較少，甚至有的因為擔心危險乾脆不讓孩子去做。正因為父親和母親的性格特徵不同，給孩子性格造成的影響也是迥異的。母親給予孩子更多是細膩的母愛，而父親則更多是粗獷的父愛，鼓勵孩子勇於探索、獨立克服困難，有助於在孩子的個性中形成積極進取、果敢堅毅、穩定成熟的特質。

《解放週末》：性別的差異必然帶來父教與母教的不同？

孫雲曉：是的，從另外一個角度說，父親對孩子的智力也有很大

影響。一般來說，父親的知識面較廣、見識多，在和孩子相處的時候，潛移默化會傳授給孩子很多知識。同時，父親人際交往較為寬泛，如果經常帶孩子參加一些社會性的活動，讓孩子感受多種社會資訊，這有利於孩子形成一些新的觀念，有利於激發孩子的求知慾、好奇心、自信心和多方面的興趣愛好。

《解放週末》：各有不同，便造成不同的影響。

孫雲曉：還有研究表明，父親和母親在關注孩子成長的時候，目光注視的重點也不大一樣。母親大多關注孩子情感上生活上的需要，而父親通常更理性一些，他更多從大方向上引導孩子，而在具體的問題上，父親大多只給孩子畫一個大框，為孩子留下一個較大的自主空間。

《解放週末》：讓孩子有自由發揮的餘地。

孫雲曉：從本質上來說，父親是幫助剪斷母親和孩子之間過度依賴「臍帶」的人。父教的重要使命就是讓孩子從對母親的依賴關係中分離獨立出來。孩子有兩次誕生，第一次是生理上的誕生，與母親臍帶分離。第二次誕生是在青春期，剪斷過度依賴母親的臍帶發展成為真正獨立的人。一些母親可能會有一個致命的錯覺，總意識不到孩子已經長大，甚至有的母親不希望孩子長大，習慣於被孩子依賴。而父親積極參與孩子的生活領域，陪伴、引導孩子獨立的過程，代替了母親的一部分角色，使孩子能與母親有序地分離，建立獨立的意識，並且建立其通向外部世界的橋樑。因此，男孩有了父教更像個男子漢，而女孩有了父教則更有自立精神，這就是父親給予孩子的特別的東西，所以僅有母愛是不夠的。

對於父愛與母愛的差別，北京師範大學的家庭教育專家陳建翔副教授有過很好的論述[1]：

父性教育與母性教育的特點，與男女性別的特質是對應的。我們自古有「天父地母」、「嚴父慈母」的說法。父親與母親在孩子的教育上方式不同，特點各異，作用有別。母性屬於「地文化」、「坤文化」，相對陰柔，具有慈祥溫柔、親切文靜、細緻體貼、注重感性的

---

① 陳建翔：《孩子的爸爸去哪兒了》[M]，山西人民出版社，2003。

特點；父性屬於「天文化」、「乾文化」，相對陽剛，具有剛毅果斷、強健有力、個性不拘小節、注重理性的特點。這樣一種陰陽兩極性，對於完整人性的養育而言，是相輔相成、相互補充的。孩子的健康成長需要同時汲取父性、母性的養料，才能秉承天地和諧之氣，達到感性理性的美的統一。缺失了任何一方，人性發展都是不完整的。

如果說，母性教育是一種「葉根」的教育，目標是達到生命的滋潤、豐滿，那麼，父性教育就是一種「主幹」的教育，目標是建立人生的「主心骨」，實現生命向空中的充分伸展！當孩子既享有母性教育，又享有父性教育時，他就同時兼備了慈愛與尊嚴，就擁有完整的人性；他既可以腳踏實地，又可以展翅高飛！

美國哈佛大學波拉克教授認為，父親和母親在以下方面存在着明顯不同：

父親	母親
關注現實狀況	重視心靈層面
器物取向	關係取向
工作第一，目標取向	過程取向

2. 母教難以替代父教，其他教育更是難以替代

正因為父教和母教是不一樣的，所以，母教和父教難以相互替代。長期以來，我們總是習慣於強調母愛的無私、崇高與偉大，但事實上，父愛的力量同樣偉大。就像鳥兒飛翔需要兩個翅膀一樣，母愛和父愛是缺一不可，難以替代的。男人和女人都不完美，所以上帝創造了父親和母親，讓他們共同生育養育他們的後代。

母教難以替代父教，其他教育能替代父教嗎？答案絕對是否定的。

在現代社會，許多事情都可以請他人來做。不願自己做飯，下飯館吃飯就行了；不願打掃衛生，撥一個家政服務電話，小時工轉眼就過來了……有了錢，我們可以讓他人代替我們做好多事情，但有一件事情，是誰也不能替代的，那就是教養孩子。有一些父母，尤其是父親，習慣用錢來解決問題。在社會上，他的金錢可能暢通無阻，「有錢能使鬼推磨」，在家裡，教養孩子，金錢能行得通嗎？

有一則新聞報道就描述了這樣一位父親[1]：

父親拋出十萬元錢，要求專家用半年的時間將兒子改造成乖孩子。面對送上門的「買賣」，青少年問題專家何華彪有些為難。

何華彪告訴記者，暑假裡，一個來自珠海的家長帶着兒子找到他。一見到何華彪，家長就開始數落孩子的種種不是：因為叛逆、早戀、在外打群架，他被多所中學拒之門外，後來發展到夜不歸宿，在外結交社會不良青年。

父親說得唾沫橫飛，一旁的孩子卻冷眼相對，不時輕蔑地哼上兩聲。孩子臉上有道明顯的傷疤，「這是上回不讓他半夜出去，他自殘劃傷的。」孩子的父親說。「我實在是管不了了。」該家長說，他在珠海做生意，錢沒少掙，但對孩子他也是操碎了心。上半年，他帶着孩子到深圳、廣州等地看心理醫生，找專家進行矯正，花了幾萬元錢，也沒什麼明顯的效果，好兩天就又恢復原狀。

家長覺得是孩子的不良朋友帶壞了孩子，於是就決定把他帶到外地進行長期的矯正。他通過熟人打聽到何華彪的地址後，「押」着孩子就來了。該家長想將孩子寄宿在何華彪這裡，在生活中進行行為矯正。費用方面，他一次性給兒子支付二萬元錢的生活費，另外再支付八萬元的輔導矯正費用。

何華彪試着跟男孩交流，男孩始終一言不發。就在心急的父親丟

[1] 趙莉：《珠海一父親欲出十萬將「頑劣」兒子託付教育專家》[EB/OL]，92007-09-290[2012-09-28]. http://www.chinanews.com.cn/edu/xlqz/news/2007/09-29/1039816.shtml。

下行李準備離開時，孩子的眼中閃現出一絲慌亂。何華彪說，家長此舉無異於拋棄孩子，哪怕是花的錢再多也是枉然。「家長才是最好的矯正專家，家長不能迴避孩子的教育問題，這與花錢多少沒有關係。」何華彪的拒絕令家長疑惑不已，臨走時，他表示還會在武漢尋找專家，如果找不到，再去北京，總之，為了孩子，他花再多錢也不心疼。

　　這真是一個可悲的父親！這個父親，真是應了那個成語「緣木求魚」。他不知道，再多的金錢都無濟於事，首先要接受教育的正是這位父親，而不是孩子。

　　家庭教育主要是一種親情教育，必須真情付出，才能收穫親情，不想付出，就想坐享其成，幾乎是不可能的事情。

　　專家能替代父親的教育嗎？絕對不能！

　　保姆能代替嗎？絕對不能！保姆充其量只是一個養育助手而已，主要是滿足孩子的生理需求，比如吃喝拉撒睡等。孩子的心理需求，比如對親情、親密情感的需求，保姆是難以滿足的。

　　爺爺奶奶（外公外婆）能替代嗎？也不能！爺爺奶奶的主要問題是他們根據以前的經驗去教育孩子，但是時代發展了，以前的許多做法已經不合時宜了。老年人更容易溺愛孩子，許多爺爺奶奶有一種本能的補償心理，自己的孩子小時候受了許多苦，就會想在孫子輩上補回來。另外，老年人心理偏保守，不容易接受新事物，試想一下，一個連上網都不會的爺爺奶奶怎麼教育得了一個在網絡時代生長起來的孩子呢？

　　因此，為人父親的責任是任何一個人都不能替代的，一個男人成

為好父親，不僅僅是因為他貢獻了一枚精子，更是因為他貢獻了自己
的心智與時間。

3. 鼓勵丈夫參與孩子的教養

　　在教養孩子上，妻子的態度很重要，心理學家把妻子看作是「守門人」——如果妻子歡迎鼓勵丈夫在教養孩子上的投入，丈夫將在孩子的生活中扮演一個積極的角色，發揮積極的功能。羅斯‧派克對300名父母進行研究後發現：妻子所持的態度與丈夫的實際參與水平有關，如果妻子對丈夫的育兒技能和活動參與感興趣，對丈夫的參與活動給予積極評價，父親的參與水平就會比較高。相反，如果妻子心態不夠開放，把孩子看成自己的「一畝三分地」，抵制丈夫的教養努力和承擔父親的責任，父親就往往會在孩子的生活中缺失，危害到孩子的健康成長。

　　李嘉誠是位好爸爸，培養了兩個獨立能幹的兒子李澤鉅、李澤楷，這裡面應該有李嘉誠的夫人莊月明的一份功勞。像許多媽媽一樣，莊月明從小就對兩個兒子寵愛有加，但她的理智能夠戰勝情感，理解支持丈夫教養兒子的行為。為了鍛煉兒子的獨立，在李澤鉅 15 歲、李澤楷 13 歲時，李嘉誠下了「狠心」，決定送他們去美國加利福尼亞求學，並讓他們獨立生活。這個決定確定有些嚴酷，因為這意味着小哥倆要

離開父母的懷抱，告別無憂無慮的富足生活，獨自面對陌生的、未知的世界。兩個兒子離開後，莊月明對孩子的牽掛與日俱增，特別是接到兒子們聲淚俱下的電話，訴説大洋彼岸的生活不易時，她更是心如刀絞，希望能夠馬上飛到兒子身邊……但是她明白老公李嘉誠的良苦用心：不經歷風雨，怎能見彩虹，她便堅定地鼓勵兒子們堅持下來。

在上面例子中，母親沒有把教養「孩子」看成自己的地盤，理解支持丈夫的教養努力，夫妻態度一致，相互合作，取得了很好的效果。

4. 學會欣賞丈夫，維護丈夫的正面形象

　　明智的母親要學會積極維護父親的正面形象。對男孩來説，一個積極的正面的父親形象就是一個看得見、摸得着的男性榜樣，男子漢氣質正是順着這座橋樑由父親傳遞給兒子。

　　對女孩來説，一個正面的父親形象會使她對異性持積極的看法，對未來的婚姻幸福充滿了美滿的期待。

　　我們前面提到過兩個父教缺席造成嚴重後果的案例，一個是徐力，另外一個是魏永康。對他們而言，父親的缺席跟母親的態度有直接的關係：母親看不起父親，認為父親沒有能力沒有資格來承擔教育孩子的重任。

　　記得徐力在接受記者採訪時説：「我的父母生活得不幸福，他們整天為掙錢而奔波。他們之間溝通比較少，沒有共同語言。母親看不起父親。因為母親是大學生，父親只是初中畢業生。母親覺得父親沒用，嫁給父親太委屈自己了。所以，母親經常對我講，不要像父親那樣沒出息，一定要考上大學……」正是出於對丈夫的失望，徐力的媽媽才選擇用嚴格而粗暴的方式管教兒子，希望兒子不要再像父親那樣

沒有出息。這導致兩個結果：一是在妻子的阻礙下，父親無法發揮自己的作用，久而久之，父親有意無意地放棄了自己的為父責任，讓妻子過於偏狹的教養方式一步一步走向極端，兒子最終受不了，在沉默中爆發了，終致人倫悲劇。二是兒子的生活中缺少了健康的男性榜樣，這對他的男子漢氣質、男人的責任意識及自制力的發展都有損害作用。

我們前面提到的從中科院退學的魏永康的媽媽跟徐力的媽媽有些類似，魏永康的媽媽也極其看不起他的丈夫，農村戶口的她嫁給了比自己大近 20 歲的丈夫——一位靠民政局發放的救助金補助生活的傷殘軍人。父親在家裡沒有地位，對兒子的教育問題始終愛莫能助。妻子對丈夫不滿意和感到失望，因此把所有的希望都寄託在兒子身上。失去了父教理性的中和作用，她的教育一天天走向極端，導致兒子因為極其缺乏獨立生活能力和社會交往能力而被迫退學。

因此，我們特別提醒：明智的母親要學會積極維護丈夫的正面形象。對男孩來説，一個積極的正面的父親形象就是一個看得見、摸得着的男性榜樣，男子漢氣質正是順着這座橋樑由父親傳遞給兒子。相反，如果一位母親看不起、輕視她的丈夫，認為他一無是處，是一個失敗者，那麼母親就破壞了孩子生命中最重要的男性形象。下面描述的就是一個兒子對飽受母親欺侮的父親形象的痛苦回憶[①]：

　　我至今還記得清清楚楚，我和兩個兄弟、父親和母親坐在晚餐桌

---

① 杜布森：《培育男孩：塑造下一代男人》[M]，陳德民譯，中國社會科學出版社，2007。

邊，畏畏縮縮地聽着母親罵我父親:「你們瞧瞧他，他的臉都塌了下來，他是個失敗者。他沒有勇氣去找好一點的活兒，或是去多掙點錢來。他是個沒指望的人。」他只是把眼睛盯着自己的盤子，從不去搭她的話。她從來沒有說過他好的地方，比如，他的執着不懈、他的埋頭苦幹。相反，她總是抓他身上不是的地方，在他的三個兒子面前描繪一個與世無爭的男人形象，這個男人被他無法控制的世界壓得喘不過氣來。

父親從不對母親的嘮叨指責頂嘴。這樣的態度在他的兒子面前起到了這樣的作用:似乎那些指責都是有道理的。母親對父親的態度以及父親那副形象帶給我的感受是:婚姻並不是什麼幸福的事兒，或者說女人基本上不像人樣。從我那受斥責的父親身上，我對自己擔當起丈夫和父親的角色沒有什麼動力。

對女孩來說，一個正面的父親形象會讓她對異性持積極的看法，對未來的婚姻幸福充滿了美滿的期待。

因此對母親來說，一定不要誇大孩子對父親的排斥。

有一位母親這樣描述丈夫與孩子的關係:

父子倆的關係一直都不是很好，主要是我老公根本沒時間管我兒子，有時間了也不好好地和他相處，兒子面對這樣一個父親，越來越與他疏遠了。老公有時很想親他一下，他硬是不讓，他說爸爸抽煙，整個人都是臭的，不讓他親近。有時不小心被他親了，他一定要我這個媽媽再在老地方親他一下，這樣就算把他爸的吻親掉了，不會臭了。他爸想抱他一下，他說爸爸長這麼黑，被他抱過自己也要變黑的，他

可不想變黑。

　　還有一位兩歲男孩的母親也作了類似的描述[1]：

　　我的兒子兩歲多了。他小的時候、因為他爸爸工作比較忙，所以孩子一直是我照顧得比較多，晚上也是和我一床睡。孩子和我非常親，和他爸爸就比較疏遠。比如有時候我們一家三口在一起看電視我想讓孩子坐在我們中間，可孩子卻不願意，一定要讓我把他和爸爸隔開。有時候他爸爸開玩笑要和我們一起睡，孩子當時就急了，大叫：「爸爸走開，回爸爸自己屋裡。」

　　我也知道，隨着年齡的增長，男孩子總這樣不好，他需要男性的榜樣，所以有時候，我會有意識地創造孩子和爸爸在一起的機會。可問題是先生和孩子都不領情。

　　比如我們一家三口去公園，我覺得孩子走路走得累了，就會說：「寶寶。讓爸爸抱你一會兒吧。」先生一臉不理解：「幹嗎非得抱着呀？」兒子也在旁邊說：「我不要爸爸，我要媽媽抱！」

　　有時候，晚上我在照顧寶寶時有意給先生分配一些「工作」，比如讓他給寶寶換個睡衣什麼的。可往往先生不情願，有時候甚至坐着不動。寶寶也不樂意，總是嚷着要我來。

　　我有時候心裡覺得很委屈，情不自禁地跟孩子嘮叨幾句：「爸爸

---

[1] 李子勳：《不要誇大孩子對父親的排斥》[J]，《父母必讀》，2006.17。

不願意，媽媽和寶寶在一起。」可先生卻埋怨我故意疏遠他和兒子之間的關係。

我創造機會，他不利用。我說的是事實，他又埋怨我。這讓我覺得很累。有時候會無所適從。

為什麼孩子和爸爸親不起來呢？

對於這位媽媽的疑問，著名親子教育專家李子勳進行了分析：

很多時候，是母親害怕失去孩子的焦慮促使母親自己無意識誇大並支持孩子對父親的排斥。如果母親是依戀性人格，而自己的丈夫又比較粗心，缺少溫情，母親會沉醉在與孩子相互依戀的關係中，使內心得以完整。這個時候，父親對孩子的接近被視為一種潛在的威脅，母親會挑剔父親的各種行為以挫敗父子關係。當然，這一切都被掩蓋在一種合理化的對孩子的關心中。

反過來看，夫妻交流不那麼好的家庭，孩子會無意識地流露出對父親的憤怒。其實，這種憤怒是母親的。原因在於，這個時期的孩子與母親在心理層面有一種共生關係，母親的一切細緻的情緒都會激發孩子內心的共情。對父親的憤怒和排斥有時只是要討好這個母親和認同這個母親，以確保依存。

在關係不良的家庭，這種兒子對父親的排斥會持續到青春期後期。到孩子十五六歲，自己感覺是在背負着母親過多的情緒，需要獲得自由時，他的憤怒會加倍，並全部回報給這個為他辛勞十幾年的母親，而父親卻成為一個隔岸觀火的人。

對於如何改善並重建良好的父子關係，李子勳還提出了兩點建議：

一方面，當孩子不要父親的時候，你必須給孩子一些冷落，幫助父親回到孩子身邊。可以立一些規矩，孩子的什麼事由父親管，母親絕不多一句嘴，讓他們父子共同去面對。

另一方面，這位母親不要當着孩子的面數落父親。因為如果要孩子學習尊重父親，妻子首先就要尊重丈夫。如果你在孩子面前注意對待丈夫的態度和言行，孩子一定不敢也不會對父親太猖狂。

5. 敢於放手，主動「撤退」，為丈夫創造機會

　　許多父親之所以在孩子生活中缺席，並不一定是因為他缺少教養孩子的能力，而有可能是母親沒有給他教養孩子的機會。有些母親把教養孩子看成自己的「一畝三分地」，不願讓父親插手，認為父親是個「大老粗」，天生就不擅長照顧孩子，男人的責任是多掙錢養家餬口。許多父親本來就不如母親細心，妻子的阻礙使父親們自己也樂得清閒，久而久之，就自覺不自覺地放棄了自己的教養責任，把孩子完全交由母親來照料。因此，要發揮父教的積極價值，母親就要在思想上和行動上做出改變，鼓勵父親參與到孩子的教養過程中來，為父親提供承擔教養責任的機會。

　　在思想上，要「勇於放手」。我們已經知道，父親在許多方面發揮着母親難以比擬的教養優勢，充足而健康的父教對男孩女孩的健康成長都有很多好處，父教缺失反而會危害到男孩女孩的健康成長，對其身心健康埋下許多隱患。這就要求母親改變以往對父教可有可無的認識，敢於把孩子交給父親。

　　在行動上，要主動「撤退」。在孩子剛出生的時候，許多母親往往會自信心不足，心裡慌慌的，不知道怎麼養育孩子，在開始的時候往往會手忙腳亂、力不從心，但用不了多長時間，許多母親就會變得得心應手，養育孩子時游刃有餘了。母親養育信心及能力的提升是因為她們大量的養育實踐，在實踐中提升了養育能力，讓她們對教養孩子充滿信心。同樣，父親的教養能力也是需要培養的，也是一個從無到有的過程。這個過程應該從孩子一出生就開始，母親就要學會主動「撤退」，讓父親承擔力所能及的責任，比如給孩子換尿布等等。隨着孩子年齡的增長以及父親照料能力的提升，逐步把一些教養責任交給父親，比如餵養、看護、陪伴等等。只要給予一定的指導、足夠的耐心和充分的信任，99% 的父親都能成為一個合格的父親。

　　請母親們記住，在教養孩子上，母親表現得越強，父親可能就會越弱。相反，母親學會示弱，讓父親認識到他對孩子很重要，他可以發揮母親難以發揮的作用，他可以辦到母親難以辦到的事情，父親就會越來越強，就會越來越有信心，就越來越願意主動承擔起孩子的教養責任。父教與母教的完美結合會給予孩子最好的愛，會為孩子健康成長提供最強大的保障。

第五章

好父親，與孩子一起成長

英國文學家哈伯特説：「一個父親勝過一百個校長。」有一天，一個小生命誕生了，他從出生的那一天起，就與父親有着割不斷的血脈聯繫，從此，父親改變着他，他也改變着父親……

1. 準爸爸，做好準備

作為準爸爸，不能直接影響胎兒的發育，但準爸爸的間接作用依然是重要的。準爸爸有兩個方面的重要工作需要完成，一是當個好丈夫，二是做好準備當爸爸。

當個好丈夫

懷孕並不是一件容易的事情，需要準爸爸的全力合作。準媽媽懷孕以後，胎兒的正常發育有賴於準爸爸的良好行為控制，如戒煙、限酒等。準爸爸還有責任去盡力為準媽媽創造一個良好的心理環境和家居環境，讓胎兒正常和健康地發育。

準爸爸的責任還真不小！

準爸爸首先要做到的是限制煙酒，其中戒煙是第一位的。現在中國有三億煙民，其中男性佔絕大多數，吸煙率超過 50%，這意味着有約一半的準爸爸是吸煙的。準爸爸吸煙對發育中的胎兒的影響主要是通過「二手煙」——準媽媽「被動吸煙」造成的。吸煙的危害主要是

增加了自發性流產或出生後不久死亡的危險，還有可能導致胎兒發育緩慢、出生時體重低於正常水平。

因此，在準媽媽懷孕期間，準爸爸最好戒煙。為了確保戒煙的效果，最好尋求專業的醫療機構的幫助，因為自主戒煙後復吸的可能性非常高。如果實在難以戒煙，準爸爸也應該把吸煙給胎兒發育所造成的影響降低到最低，在與懷孕的準媽媽在一起時，絕對不抽煙，如果抽煙的話，一定要去空氣流通迅速的室外，待身上的煙味散盡之後再進室內。

除了戒煙之外，準爸爸還要限酒。懷孕之前，父親酗酒有可能會損傷到精子和染色體，這最終會影響到胎兒的質量。另外，在酒精的作用之下，酗酒準爸爸的行為往往會失控，傷害到懷孕的準媽媽。

其次，準爸爸要向準媽媽提供充分的情感支援。懷孕是一個令女性感受到極大壓力的事情，準媽媽既要忍受懷孕所帶來的各種生理不適（如妊娠反應等等），在心理上還要忍受很大的壓力，她們需要時刻關注胎兒的健康狀況，還要擔心自己的健康，儘量不讓自己生病，因為醫生會建議儘量不要服用任何一種藥物。

對於重重壓力之下的準媽媽來說，她特別需要足夠的情感支援，而最重要的支持來源當屬她的丈夫——準爸爸。如果得不到足夠的支持，準媽媽壓力過大時，腹中的胎兒往往會處於危險之中。研究表明：長期的、嚴重的情感壓力可能阻礙胎兒的生長發育，導致早產、嬰兒出生低體重和其他併發症，處於高度壓力下的母親所生的孩子出生後可能會過於活躍、易怒，飲食、睡眠和排泄習慣也沒有

規律[1]。

　　準爸爸如何向準媽媽提供足夠的情感支援呢？第一，要理解妻子，理解懷孕的準媽媽的種種難處與不易，理解她所面對的重重壓力。準爸爸的理解是準媽媽戰勝這些困難的勇氣的重要來源。第二，要多花時間陪陪準媽媽。準爸爸要盡可能地推掉社交應酬，把時間留給準媽媽，陪着她一起做飯、散步、聊天談心，或者待在一起什麼也不幹。準爸爸的陪伴是對準媽媽最好的安慰。第三，做準媽媽喜歡做的事情。做準媽媽感興趣的事情，可以使她處於一個比較良好的情緒狀態，讓準媽媽感受到老公真的非常在意她。

　　再次，準爸爸要照顧好準媽媽的衣食住行。懷孕之初，準媽媽可能會有比較強烈的妊娠反應，胃口很差，心情也很差。隨着懷孕時間的延長，腹中胎兒越來越重，準媽媽往往會大腹便便，行動困難，她的生活需要準爸爸的照顧。準媽媽腹中的胎兒比較嬌弱，她的衣食住行都要格外留心。衣着方面，準媽媽需要特別注意，因為不能生病，生病了往往又不能吃許多平時可以吃的藥物，所以準爸爸要貼心照顧。外出活動時，準爸爸可以多給準媽媽準備一件厚一些的外套，以備不時之需。

　　食物方面，準爸爸也要多費心，準媽媽可能因妊娠反應等原因令胃口不佳，而腹中的小胎兒需要大量的營養，因此，滿足準媽媽的胃口也就顯得十分重要，準爸爸不妨練幾套廚藝。如果廚藝不精的話，

---

[1] 戴維・謝弗：《發展心理學》[M]，中國輕工業出版社，2005。

那麼認真做好準備工作，從購買到烹飪前的準備都盡力精心做好。準爸爸在選購食品時，要注意食品安全，盡量採購那些高蛋白、高能量的自然有機食品，避免各種食品添加劑的影響。在飲食衛生方面，準爸爸也要多下一些功夫，在準備飯菜時，一定要做到生熟分開，防止準媽媽因接觸生肉或未熟肉製品而感染弓形蟲，感染弓形蟲的孕婦可能會因此流產或使胎兒的眼部受到感染，孩子出生後認知能力出現障礙的可能性也會增高。在烹飪食品方面，如肉、蛋、魚等等，一定要確保肉食是完全熟的。一些生吃的蔬菜、水果和沙拉等，在吃以前一定要洗淨。

住的方面，不用多說，做到衛生溫暖舒適即可。交通方面，如果有私家車，準爸爸多駕車，準媽媽最好坐在後面，並正確使用安全帶。平時散步時，盡量避免在馬路或公路邊散步，一是不安全，二是汽車尾氣對準媽媽及腹中的胎兒都不好。在馬路或公路上步行時，一定要走人行道，過路口時，也要多注意觀察，謹慎通行。

在孕期的頭三個月和最後三個月，應儘量避免乘坐飛機進行長途旅行，因為在孕期的頭三個月進行長途飛行有胎兒流產的風險，而在孕期的最後三個月，則面臨孕婦在飛機上分娩的風險。不管採用何種交通方式，準爸爸要學會多照顧準媽媽的不便與感受。

最後，準爸爸還要為準媽媽創設一個健康的生活環境。現在的生活中，大量的具有潛在危險的化學物質往往防不勝防，對處於生長關鍵期的胎兒具有危害性的影響。下面所提到的一些物質需要特別注意。

第一，重金屬。在重金屬中，汞和鉛是特別需要注意的，它們都屬於導致胎兒畸形的致畸因素。上個世紀，日本發生了著名的「水

俣病」事件，就是因為人們食用了汞含量很高的魚所導致的。在此時段出生的許多兒童表現出心智發育遲緩、言語不正常、動作協調性差等特點。某些化妝品以及油漆當中含有鉛，經常暴露於高濃度的鉛塵環境當中，往往會導致早產、出生低體重、腦損傷等其他生理缺陷，有研究顯示，懷孕時期即使少量的鉛進入體內也是危險的，往往會影響嬰兒出生後頭兩年中的智力發育[①]。

第二，多氯聯苯（PCB）等化學物質。多氯聯苯是一種應用於電器設備的絕緣材料，它們往往通過水和食品間接進入人體。美國的研究顯示，即使由於食用了被污染的魚而接觸到低水平的多氯聯苯，也能導致新生兒體重低於正常水平，降低其反應性和神經發育水平，而且接觸的多氯聯苯水平越高，危害就越大。

第三，動物糞便。家有寵物的準媽媽準爸爸要多加注意了。

如果用一句話來總結準爸爸最應該做的事情，那就是：愛你的妻子，這是送給準媽媽腹中胎兒最好的禮物。

作好準備
當爸爸

好爸爸的準備工作其實從準備懷孕起就開始了。作好準備當爸爸，就要瞭解準媽媽腹中的胎兒，嘗試着跟尚在腹中的胎兒作一些溝通，

---

① 勞拉・E・貝克：《兒童發展》[M]，吳穎等譯，江蘇教育出版社，2002。

在生命之初就建立起良好的父子／父女聯結。建立父子／父女聯結的方式有很多：

一是感受胎兒的活動。在每晚睡前，可以輕柔地撫摸準媽媽的肚子，感受一下腹中小生命的一舉一動。最初時，胎兒的活動非常細微，這時特別需要準爸爸的耐心與堅持。隨着胎兒的發育，準爸爸們會越來越容易感受到胎兒越來越強有力的活動，到懷孕末期時，準爸爸都能感受到胎兒「拳打腳踢」。這個過程既可以促進夫妻關係，又可以建立最初的父子／父女情感聯結。相信準媽媽和準爸爸都會在這種互動中體驗到創造的神奇與樂趣。

二是嘗試與腹中的胎兒對話。研究表明，五六個月大的胎兒就能感知子宮外面的聲音。腹中的胎兒尚不能理解準爸爸話語的含義，這個過程最重要的目的是增進父子／父女之間的聯繫，為孩子出生後的父子／父女交流打下基礎。

除了嘗試建立這種聯結以外，準爸爸還要「務實」，切切實實地為孩子的出生作好一些物質上的準備。比如，準備一張合適的小床，還有尿布和玩具等等。

一切都準備就緒，就等待那個可愛的小生命降臨人世了。

2. 孩子出生前後，爸爸該做什麼？

下面這些工作是爸爸在孩子出生前後應該盡力做的：陪在妻子身邊、盡可能地參與分娩、準備好新生兒用品，當然還有精神層面上，安慰妻子，自己還要克服孩子出生前後的焦慮情緒。

陪在 妻子的身邊

在預產期到來的這段時間，是準媽媽最緊張的時候了，她面對許多不確定的因素：孩子何時出生？是順產還是剖腹產？孩子是否正常？是男孩還是女孩？這個時候，準爸爸一定要多陪在妻子身邊。老公在身邊的陪伴，是妻子最大的精神支持。

準爸爸要知道：妻子比自己更緊張，所以要設法控制好自己的焦躁情緒，不要讓這種焦慮情緒傳染給壓力重重的妻子。要多陪妻子聊天，聊那些生活中點點滴滴的開心事情，以分散妻子的注意力，也可以聊一聊對孩子出生後生活的美好設想，讓妻子憧憬一下可愛小寶寶

出生後的美好生活。準爸爸當然要注意傾聽，這時候的準媽媽往往會緊張得有些語無倫次，沒完沒了地重複着一些雞毛蒜皮的小事情，還有可能因為分娩在即的壓力以及痛苦對老公有所怨言，做老公的，認真聽着就是了，要理解這是妻子壓力之下的一些反應，不要往心裡去。

除了傾聽之外，陪在妻子身邊的丈夫還要學會照顧妻子的生活，盡可能地滿足她的一些需要，吃什麼，玩什麼，怎麼樣度過這段難熬的時光，準爸爸都要花心思去想。

◣ 參與分娩

如果條件許可，準爸爸最好參與到妻子的分娩過程中來。有些醫院鼓勵丈夫參與到妻子的分娩過程中來，讓準爸爸全程參與，這是對妻子最大的安慰與鼓勵。

在分娩這個最痛苦的時刻，準爸爸要遵照醫生的吩咐，或者緊握妻子的手臂，或者撫摸妻子的身體，通過身體的接觸來減輕妻子的痛苦。丈夫在身邊，妻子會感到她不是孤軍奮戰，不再是完全被陌生的醫生和護士包圍着，她會更加安心。丈夫的言語鼓勵，讓準媽媽充滿勇氣以克服分娩時陣陣的巨大痛苦，她會感覺到並沒有想像的那樣疼痛。

參與分娩，可以使準爸爸在第一時間內升格為爸爸，聽到孩子的第一聲啼哭——那個讓他等待了很長時間的世界上最美妙的聲音，與妻子共享痛苦後的無盡喜悅。

參與分娩，會讓妻子永遠記住老公的溫柔體貼，對夫妻關係的長久與和諧助益甚多。

克服焦慮

孩子的出生對媽媽來說是一個倍感壓力的事件，對爸爸來說也是壓力重重。孩子的出生意味着原先早已習慣的生活將發生重大改變，許多爸爸可能會感到擔心和憂慮。

經濟負擔：孩子的出生，意味着家庭經濟支出的增加，現在流行「孩奴」的説法，奶粉錢、保姆費、醫療費等等，都是不小的開支。

職業發展：當了爸爸以後，就要承擔父親的角色了，再也不能毫無限制地加班了，如果工作確實需要加班怎麼辦？

夫妻關係：小寶貝降生以後，佔用了妻子太多時間和精力，夫妻關係是否會受到影響？

父親角色：自己是否能夠勝任一個好爸爸的角色？

應當承認，這些焦慮都是正常的，同樣也是不難克服的。經濟方面，可以重新規劃，開源節流，量入為出。職業發展方面，要有心理準備，準備做出一定的犧牲，在這個階段，孩子的需要是最重要的。夫妻關係方面，可以通過分擔妻子的負擔，讓她有精力去顧及到夫妻關係，而不是完全沉浸於母子／母女關係之中。父親能力方面，可以多學習，每一位好老爸都不是天生的，每個男人都有做一名好老爸的潛質。

3. 孩子降生一刻起，爸爸正式上崗

隨着孩子呱呱墜地後的第一聲啼哭，「準爸爸」立刻升格為「爸爸」，所以，「爸爸」這個稱號是跟孩子同齡的，「爸爸」這個稱號可是孩子給的。成為爸爸之後，就要承擔起做爸爸的責任了。

在嬰幼兒時期，孩子總體是屬於媽媽的，媽媽在孩子的健康成長中發揮着最為重要的作用。在這一時期，媽媽具有先天的優勢——生養育一體，媽媽的乳汁是嬰兒最好的食物和營養來源，媽媽的溫暖與關愛也是嬰幼兒依戀感和信任感的最主要來源。

在嬰幼兒時期，雖然媽媽的作用大於爸爸，但是爸爸仍在一些角色上發揮着重要作用。在餵養等方面，爸爸的作用往往不如媽媽，他承擔的是幫手、助手的角色。在有些方面（如遊戲），爸爸發揮着與媽媽不一樣的獨特作用，甚至具有比媽媽還強大的魅力。

當好「保姆」

由於缺乏獨立生活的能力，嬰幼兒的大多數基本需求往往通過父

母來獲得滿足。在這方面，由於媽媽的先天優勢以及女性細緻和耐心的性別特點，媽媽是毫無疑問的「主力」，爸爸扮演的是助手和幫手的角色。作為助手，孩子的吃喝拉撒睡，父親也需要樣樣操心。

爸爸要學會給孩子餵奶。在第一年裡，孩子主要以母乳為主，爸爸餵養的責任並不多，但隨着孩子年齡的增長，逐漸過渡到喝奶粉和吃其他輔食時，爸爸應該上手了。有些爸爸往往自信心不足，認為自己不會餵孩子，這其實是一種認知偏差。前面我們提到，已有研究表明：父親餵養孩子的能力跟母親差不多。餵養工作主要是一個熟練工作，一回生兩回熟，隨着練習的增多，爸爸會越來越熟練的。

爸爸要學會給孩子換尿布。從出生一直到幼兒園，換尿布是父母的一項常規工作，尤其是第一年，每天都需要數次更換尿布。對一些爸爸來說，這是一個挑戰，爸爸們要克服的仍然是心理障礙，給孩子換尿布不會損害到自己的男子漢形象，相反，這會使得父親的形象更加高大可親。現在好男人的標準已經改變了，「上得了廳堂，下得了廚房」，才是當代好男人的標準。據英國媒體報道：英國現任首相卡梅倫就是一個給孩子換尿布的高手，這絲毫沒有減少他的男性氣質，反而使選民感到他的親和力，增加了對他的好感。網球天王費德勒經常給孩子換尿布，技術已經練得「爐火純青」，他還經常給孩子餵奶，他承認自己是「樂在其中」。像餵奶一樣，換尿布也是熟練工作，做得越多，就會做得越好。只要願意幹，我們敢保證，用不了兩三個星期，爸爸們肯定能成為行家老手了。

在其他一些日常照料方面，如果爸爸們有心的話，能力都沒有問題。

成為孩子的「依戀對象」

依戀是嬰幼兒與其他重要的人所建立的親密情感聯結。心理學研究表明，嬰幼兒時期良好依戀關係的建立是一個人信任感和安全感的基礎。

一般到八九個月大時，嬰兒往往先建立母子／母女依戀，母子／母女依戀在個體的一生發展中無疑是最為重要的。到一歲半左右時，嬰兒開始形成多重依戀，其中，父親與孩子之間的依戀關係，變得越來越重要。越來越多的研究表明[1]：如果父親承擔起養育責任，給孩子提供溫暖與關愛、支援對孩子的情緒和社會幸福感發展非常重要。與母親相比，某些心理障礙（如抑鬱和吸食毒品等）的出現與父親的行為有更高的相關度。

父親與孩子的依戀對嬰幼兒的健康發展具有什麼樣的獨特作用呢？研究者用實證研究回答了這個問題[2]：

在一項研究中，研究人員觀察了 44 個兒童在遇到一個快樂友好、穿着小丑服飾的陌生人時的反應。跟那些與父母雙方都是非安全依戀的兒童相比，與父母一方有安全依戀的個體的反應較為正常（表現出的恐懼較少）。近期的其他研究也發現，和父母雙方都有安全型依戀的兒童，比其他兒童更少表現出焦慮和退縮，在入學時的適應情況更

---

[1] 弗爾德曼：《發展心理學——人的畢生發展》[M]，蘇彥捷譯，世界圖書出版公司，2007。
[2] David R.Shaffer：《發展心理學》，鄒泓等譯，中國輕工業出版社，2005。

好，在兒童和青春期表現出更好的情緒自我調解能力和與同伴交往的社會能力，以及較少的問題和犯罪行為。甚至在長大離開父母之後，和父親形成的安全的、支持性的關係也有利於個體的成長和健康。可見，對於兒童發展的許多方面（也許是所有方面）父親都會有潛在的影響；而且，和父親形成的安全型依戀會減少非安全型的母親與孩子的依戀所產生的負面影響。

由此可見，安全的父親與孩子的依戀本身對孩子具有積極的影響，而且安全的父子依戀還能減少緩衝不安全的母子依戀所帶來的消極影響。

如何形成安全的依戀關係呢？有許多心理學家認為，安全的依戀有賴於父親的撫養方式，並認為以下四種做法有利於形成安全的依戀關係：

一、對嬰兒表現出積極的關心和愛；

二、與嬰兒建立默契、雙向的交往；

三、在交往中和嬰兒共同注意同一件事情；

四、對嬰兒的活動給予密切的注意和情感支持。

擔當孩子的
遊戲夥伴

在學前教育時期，遊戲被看作為孩子的生命，教育學和心理學家們均認為，遊戲是最適合嬰幼兒生理及心理特點的教育方式。

在遊戲方面，與母親相比，父親是一個更受歡迎的遊戲對象。在

一項研究中，讓兩歲半的孩子自由選擇遊戲夥伴，結果三分之二以上的兒童選擇父親而不是母親。在遊戲方面，父親的作用顯得更重要一些，以下的研究均說明了這一點[①]：

美國學者科特爾丘克對波士頓中產家庭的一項研究顯示：父親花費將近 40% 的時間與孩子遊戲，而母親花在遊戲上的時間大約為 25%。

蘭勃等研究者對七至八個月、十二至十三個月大的幼兒進行的觀察研究顯示：父親和母親在抱起嬰兒的原因上存在顯著差別，父親抱起嬰兒的主要目的是和孩子玩，而母親的主要目的是為了撫育他們（如餵奶、洗澡等）。

以非裔美國父親為研究對象的研究發現：母親約花 38% 的時間與孩子遊戲，與之相比，父親與孩子的遊戲時間為 54%。

父親之所以是一個更受歡迎的遊戲對象，主要在於父親與母親不一樣的遊戲風格。在遊戲過程中，母親的方式往往是靜態的、比較保守的，而父親的方式卻是動態的、富有創造性的。母親傾向於把孩子抱在懷裡或者局限於一個她認為安全的區域，從事一些重複性的遊戲活動，而父親往往是鼓勵孩子嘗試不一樣的新鮮遊戲，鼓勵孩子探索。父親的遊戲往往是較為耗費體力的大動作遊戲，母親的遊戲往往是比

① 羅斯·派克：《父親的角色》[M]，遼海出版社，2000。

較安靜的小動作遊戲。父親的遊戲往往包括許多動作，母親的遊戲往往以言語為主。

許多研究也證實了父親和母親在遊戲方面的差別[①]：

布拉澤爾頓等人對兩至二十四個月大嬰兒進行了研究。在實驗室環境中，他們為每名嬰兒配上三名不同的遊戲夥伴：父親、母親和陌生人，然後進行觀察並把過程錄像下來。對錄像的分析表明：母親往往會突然中止遊戲，迅速地講一連串話，接下來是短暫的靜止。與母親相比，父親較少發言，但觸摸得更多，更多地以有節奏的輕拍來觸摸孩子。父親與嬰兒的遊戲會使嬰兒的注意和興奮出現極大的波動，從高度的注意和興奮一下子轉入了低谷，相比之下，母親與嬰兒的遊戲則表現出逐漸的、波動不大的轉化。

羅斯·派克等人對三至四歲幼兒與父母的遊戲的研究表明：父親比母親更多地參與消耗體力的遊戲。與之相對照，母親則更多地參與以物體為中心的遊戲。各種研究顯現了一種清晰的模式：父親擅長觸摸、體力和激發的遊戲，而母親則傾向於語言化、開導式和以物體為取向的遊戲。孩子從父親那裡得到的不僅僅是刺激，而且還有性質上不同於母親的刺激模式。

正是父親不同的遊戲風格，使得父親在嬰幼兒的成長過程中發揮

---

① 羅斯·派克：《父親的角色》[M]，遼海出版社，2000。

着更為獨特的價值：

　　一、提升了孩子的體質。父親的遊戲方式往往是動態的、消耗體力的，而嬰幼兒時期正是個體需要大量身體活動的時期，因此這些遊戲可以促進孩子體質的發展，提高了嬰幼兒感知覺與動作更好的協調性，並最終促進了孩子的認知能力。

　　二、促進了孩子獨立性的發展。父親在遊戲過程中的鼓勵，使孩子有機會脫離母親的過度保護，擺脫對母親的過度依賴，避免母子／母女關係太過緊密的傾向。

　　三、刺激了孩子對外部世界的興趣。父親的遊戲方式是靈活多變的，這有利於誘發兒童對外部世界的好奇與探索行動，而成功的探索經驗又會使他們進一步獲得信心，面對陌生環境時表現出勇氣。

　　四、促進了人際關係能力的發展。一項「父親—孩子遊戲風格與兒童的同伴適應」研究提出：「凡與孩子進行高水平的體力遊戲，並在遊戲過程中作出高水平引導的父親，他們的孩子在同伴合群性方面評價較高。」

　　五、促進孩子性別角色的發展。在遊戲過程中，與母親相比，父親會傾向於鼓勵孩子那些與自身性別相一致的行為，而反對那些與自身性別不一致的行為，這促進了孩子性別角色行為的習得。

培養孩子的
自主品質

　　心理學家埃里克森認為，兩至三歲的孩子有一個非常強烈的傾向：

自主。

　　許多父母都感受到這一點：這個年齡階段的孩子就已經開始希望掌控自己的生活，希望自己吃飯，自己穿衣服，自己玩玩具……這一時期，如果父母給予足夠的訓練，孩子往往就能發展出自主的品質，在力所能及的範圍內掌控自己的生活。

　　在發展孩子的自主品質方面，爸爸的作用更重要一些，因為媽媽有本能的過度保護傾向，對孩子的自主要求往往採取壓制的態度，經常通過包辦、代替等方式，剝奪了孩子的自主性的成長時間與空間。跟媽媽不一樣，爸爸的管教往往是粗線條的，更傾向於給孩子一些自我發展的時間與空間，因此促進了孩子自主品質的發展。

　　為了促進孩子自主性的發展，父親可以慢慢把一些日常生活選擇

的權利交給孩子，循序漸進地培養其自主的能力。父親開始可以提供一些有限定的選擇，比如早餐吃什麼，父親提供兩三個選擇，讓孩子決定吃什麼，而且一旦決定了不能反悔。再比如玩什麼，可以讓孩子自由選擇自己想玩的東西，而不是父親想讓他玩什麼就玩什麼。

　　當然，父母還可以通過培養孩子自我管理的能力來促進孩子自主性的發展。對於三四歲的幼兒來說，可以指導他管理自己的玩具，玩完以後要收拾玩具。如何收拾？如何放置？如何下次找起來更方便快捷？這些任務都可以逐漸交由孩子來管理。到幼兒園中班和高班的時候，父親就可以有意識地培養孩子自己來管理學習用具。最初，每天早上去幼兒園前，父親可以跟孩子一起整理上學所需的用具，用大大的字體列一個清單，跟孩子一起對照着清單的內容一一準備齊全，經過一兩個星期的訓練之後，父親就可以在監督的情況下讓孩子對照清單自己準備，如果孩子有遺漏的物品，父親指出來讓孩子自己找齊即可。最後一個階段，就是父親完全放手，讓孩子獨立準備所需學習用品。類似的日常生活任務還有一些，比如讓孩子洗自己的衣物，最初指導孩子如何清洗一些簡單的物品，如小手帕或襪子，然後再慢慢洗一些大一點的衣物。當然，父親可以指導孩子如何使用洗衣機。對幼兒園的孩子來講，學習使用洗衣機一點問題都沒有，現在的洗衣機大都是操作簡單的，一般情況下，父親指導三五次以後，孩子就往往學會如何使用洗衣機了。這個過程仍然需要循序漸進地進行，最初是孩子觀看父親如何使用洗衣機，然後是在父親的指導下使用洗衣機，再次是在父親的在場監控（不進行指導）下使用洗衣機，最後是獨自使用洗衣機。

培養孩子的主動性

嬰幼兒時期是孩子主動意識萌芽並不斷發展的時期。埃里克森認為，幼兒階段個體發展的主要任務就是主動感的獲得。大約三歲左右，孩子開始由家庭進入幼兒園，他的世界擴大了，他對世界充滿了本能的好奇與渴望，希望自由地探索外部的世界。這一時期的主動探索是一個人好奇精神的奠基期。愛因斯坦小的時候對指南針充滿了好奇，認為一定是有某種力量使指南針永遠指向南北，他後來說這種對自然界的好奇精神一直保留着，指引着他去思考更深邃的理論問題。

在孩子主動意識發展的過程中，爸爸往往比媽媽的態度更積極，爸爸更傾向於放手，更傾向於鼓勵孩子主動探索。嬰幼兒階段往往也是一個意外傷害的高發期，父親應該在做足各種保護措施以後盡可能地放手讓孩子自由探索。在家裡，父親一定要把熱水、火、刀具等等各種危險因素排除在外。帶孩子去戶外，一定要注意各種潛在的危險，如不要讓孩子獨自靠近水域等等。孩子在主動探索過程中，發展了對外部世界的認識，也發展了自己應對外部世界的信心，待孩子長大後，這些將轉化為他的人生財富，敢於面對陌生的不確定情景。

培養孩子的規則意識

根據心理學的理論，孩子四五歲的時候，開始建立規則意識。我們知道，相對於母親而言，父親往往是規則之源，父親的愛往往是有

條件的，只有孩子的行為符合規則並達到一定的期望之後，父親才給予他關愛，母親往往對孩子是過度包容的，她的愛是無條件的。

規則教育其實就是幫助孩子形成以社會允許的方式滿足自己的各種需求的能力，它實際上屬於一種自我約束、自我控制的行為。教育孩子如何以社會允許的方式滿足自己的需要，其實就是一種規則教育。在規則教育的過程中，以下三點是父親們必須注意的。

一、父親要引導孩子認識規則、瞭解規則。一般情況下，對於三五歲的孩子，應該明確告訴他們什麼樣的行為是對的，什麼樣的行為是錯的。當然也可以換個說法，明確告知他們什麼樣的行為是「好孩子」的標準，什麼樣的行為是「壞孩子」的標準。在引導孩子認識規則的過程中，應簡單明瞭地告知孩子該怎麼做即可，切忌長談大論式的道德說教，這個年齡階段的孩子還聽不懂父親嘴裡的大道理。

二、父親要引導孩子明確把握規則標準。許多父親在管教孩子的過程中，往往隨意性很大，情緒好的時候對孩子過於寬容，失之過寬；情緒差的時候對孩子過於嚴厲，孩子往往無所適從，對行為對錯的標準感到迷惑。因此，在規則教育的過程中，父親應與母親和孩子一起協商制定家庭規則，讓孩子明確把握行為對錯的標準。

三、父親還要學會對孩子說「不」。父親適當的管教和監督是必不可少的。規則教育是一個由外部引導逐漸內化為孩子自己需求的過程。在這個過程中，父親學會說「不」很重要。許多到青少年期仍然自我中心的孩子往往是幼小時候父母缺乏適當管教、過度滿足的結果。父母對孩子有求必應，往往導致孩子把自己的任何需求都看成理所應當的，往往導致孩子尋求即刻滿足的心理傾向，缺乏延遲滿足的能力。

對孩子
進行性別教育

嬰幼兒時期是個體性別發育的重要時期，在這一階段，嬰幼兒獲得基本的性別認同並發展了適宜的性別角色。

在性別研究方面非常具有影響力的心理學家柯爾伯格認為，兒童的性別認同需要經歷三個階段。

一、基本的性別認同：在兩至三歲時，兒童逐漸建立初步的性別認同，把自己標定為一個男孩或者女孩。

二、性別穩定性：在確定自己的性別以後的一段時間內，兒童會逐漸認識到一個人的性別不會隨着時間的推移而發生改變。

三、性別恆常性：五至七歲時，兒童認識到一個人的性別不會隨情境的改變而改變，如認為一個男孩穿上女孩的裙子以後他仍舊是個男孩。

除了獲得性別認同之外，此階段的孩子還發展了與其性別相適應的性別行為，即男孩應該是什麼樣的，女孩應該是什麼樣的，這個階段的孩子已經知道男孩更喜歡玩小汽車和玩具槍等，女孩玩布娃娃和毛絨玩具等，他們還知道男人一般不能穿裙子等等。

在性別發展的諸多影響因素之中，家庭的影響是第一位的。甚至在孩子未出生之前，父母們已經在想像孩子的性別，並根據不同的性別有不同的教養設想。出生以後，父母的性別觀念和性別角色行為無時無刻不在影響着孩子。孩子剛一出生，父母就以性別的眼光去看待他們的行為了。

研究認為：在兒童尚未獲得基本的性別認同、沒有表現出明顯的性別角色偏好時，父母就會鼓勵與兒童的性別相適宜的行為，並阻止那些與兒童的性別不一致的行為。心理學家班杜拉的社會學習理論認為，性別認同及性別角色發展主要是通過兩種途徑獲得的。第一種途徑是直接強化，當兒童表現出與其「性別適宜性」的行為時會受到獎賞，當表現出與其性別不相適宜的行為時就會受到懲罰。第二個途徑即觀察學習，兒童通過觀察榜樣的行為及其後果進行學習。在眾多榜樣當中，父母的影響是最重要的。

家庭對嬰幼兒的性別發展非常重要，父親的角色在其中顯得更為重要。弗洛伊德認為，幼兒時期如果父親的男子漢氣質不夠，經常不在家，那麼男孩的男子漢氣質的發展將會受到影響，妨礙其性別角色的正常發展。對女孩來講，對母親的認同更重要，但這種認同往往是在父親的鼓勵下獲得的。我們知道，父親往往以更加鮮明的性別角色要求男孩和女孩，正常的父教可以培養出具有鮮明性別特點的孩子。父親往往對孩子的性別角色行為要求較為嚴厲，而母親則較為寬鬆。當一個男孩玩一些卡車、玩具槍等玩具時，父親往往更有可能對此予以鼓勵，而一個男孩玩芭比娃娃等女性化的玩具時，父親更有可能通過各種方式制止這種行為。

父親應該如何做，才能更好地促進孩子的性別發展呢？

第一，引導孩子保持自身性別優勢。現在比較流行的性別教育理念是雙性化理論。所謂雙性化理論是指男女雙方在保持自身鮮明性別特色的基礎上向異性學習，比如男孩可以在勇敢的基礎上學習女性的細心與溫柔，女孩可以在保持自身溫柔的基礎上學習男性的勇敢與剛

強等等。現在的問題是許多父母誤讀了雙性化理論，認為雙性化就是中性化，而中性化是主張消除兩性之間的諸多差別的，在中性化的個體身上，看不出明顯的性別特色。從社會的接納程度上來講，在可預見的將來，我們中的大多數人仍然傾向於接納那些具有鮮明性別特色的人。因此，父親應發揮自身的性別優勢，鼓勵孩子進行與自身性別相適宜的行為，如男孩的勇敢剛強、女孩的溫柔細心等等，抑制那些明顯與自身性別不符的行為，如男孩女性化的裝扮、女孩假小子的粗野行為等等。

第二，引導孩子學習異性優點，避免性別刻板。雙性化理論認為許多優點其實是男女兩性都應該具備的，比如勇敢不是男孩的專利，細心也不是女孩的專利。性別刻板就是把某些品質看作為某一性別所特有的。父親可以發揮自身的性別優勢，作出榜樣，引領孩子學習異性的優點，幫助男孩克服馬虎、學習細心，幫助女孩克服膽小怕事、學習勇敢面對等等。心理學家告訴我們，具有鮮明性別優勢的雙性化個體最適應 21 世紀的社會要求。

對孩子進行性教育

嬰幼兒時期，孩子的性發展是比較緩慢的，性器官往往保持着最原初的狀態，因此，許多父母會有意無意地忽視性教育，認為性教育是青春期以後的事情。事實上，性教育對嬰幼兒來說也是非常重要的。

2002 年 5 月 16 日《北京晚報》報道：北京海淀區某小學學前班

多名五六歲女孩告訴父母體育老師「喜歡」她們，經常在她們身上亂摸，父母們十分震驚，帶女孩們作婦科檢查診斷為「陰道炎」。幾位媽媽氣得差點昏過去：「孩子這麼小，還什麼都不懂呢⋯⋯」父母們聯名報案，要求嚴懲罪犯。

2002 年 5 月 14 日《半島都市報》報道：山東萊西市馬連莊鎮一位年逾六旬的老頭利用替妻子在幼兒園代課之機，在幼兒園對十名幼女進行猥褻誘姦。一位村民悲憤地說：「才剛斷奶的孩子，他也下得了手？！」

2012 年，廣東省婦聯和廣東省檢察院聯合公佈的一份關於女童受侵害的調研報告顯示，在女童受侵害的刑事案件中，女童遭到性侵害的現象最為突出，佔案件總數的 75.36%。過去三年，逾 2500 名女童被性侵害，其中近半在 14 週歲以下，而且性侵女童者 65.74% 是熟人。相關數據還顯示[1]，近三年來廣東遭受性侵害的女童人數增多。2008 年至 2011 年 6 月期間，全省檢察機關公訴部門受理涉及到「不滿 18 歲」女童被害人案件共 2267 件 2506 人。其中涉及性侵害的案件高達 1708 件，佔受理案件總數的 75.34%。

據美國國家失蹤及受虐兒童中心（NCMEC）統計[2]：有 1/5 的女孩和 1/10 的男孩在 18 歲以前受到過性侵犯；而 12 歲以下的兒童中，

① 賴少芬：《調查顯示：廣東性侵犯女童者 65% 以上是「熟人」》[EB/OL].（2012-04-26）[2012-09-28]. http：//www.chinadaily.com.cn/micro-reading/dzh/2012-04-26/content_5772426.html。
② 蕭艾：《兒童性侵犯離我們有多遠》[N/OL].（2009-03-23）[2012-04-20]. http：//baby.sina.com.cn/edu/09/2303/0835133867.shtml。

4 歲寶寶被侵犯的情況最為嚴重。

幼兒時期的性侵犯所造成的傷害往往會非常嚴重，其惡劣影響往往會持續很長時間，這種早期傷害嚴重地破壞了孩子的人際信任感，並有可能對他們的身體健康和婚姻幸福造成持久性的影響。

特別值得注意的是，男孩也容易受到性侵害，但是常常被父母和社會所忽視。

為什麼幼兒容易受到性侵害？原因之一是幼兒的性意識尚處於萌芽狀態，在性方面缺少自我保護的意識，在許多情況下受到性侵害卻不自知。原因之二是他們非常弱小，缺少自我保護的能力。

針對以上兩點原因，要避免幼兒受到性侵害，就要從小進行性教育。對女孩而言，性教育主要是由媽媽來完成的。對男孩而言，性教育主要是由爸爸來完成的。爸爸對男孩的性教育主要包括兩個方面，一個是性知識，另一個是性保護。

幼兒對整個世界充滿了本能的好奇，對性也不例外。大概二三歲時，就像對待其他新奇事物一樣，男孩對性開始感到好奇，開始問一些與性有關的問題，這正是爸爸開始性知識教育的好時機。

爸爸應該以一種自然的方式坦然地對待孩子的各種與性有關的問題。當男孩對自己的「小雞雞」感到好奇時，爸爸可以明確地告訴男孩，「小雞雞」的正確名字叫陰莖，它跟我們的眼睛、鼻子一樣都是人體不可缺少的器官。這樣做的好處是：他們早一點知道正確的知識以後，就用不着自己慢慢琢磨了，一些錯誤的知識和觀念也就沒有存在的空間了。

幼兒經常對自己的出生感到很好奇，他會問：「我是從哪裡來

的？」爸爸可以簡單地告訴孩子：「你是在媽媽肚子裡面長大的。」如果孩子進一步提問具體的過程，爸爸可以用很溫馨的言語描述發生的過程：「爸爸給了一顆種子，媽媽的肚子裡也有一顆種子，它們倆在媽媽的肚子裡結合在一起，那就是你……」

當然，爸爸也可以提供一些性教育的漫畫書，跟孩子邊看邊講，也可以讓孩子自己看，不明白的地方再予以解釋。總之，不要對孩子的性提問作出過於複雜的解讀，更不能認為孩子性早熟或道德有問題，而應以坦率而自然的方式進行回答。

爸爸還應該教育兒子作好性自我保護。爸爸要用明確的語言告訴孩子：一、隱私部分，如陰莖和陰囊，別人是不能觸碰的，只有在一些特殊的情況下，比如爸爸或媽媽在幫他洗澡或上廁所時，還有醫生檢查身體的時候，才可以觸摸。二、如果誰強行觸摸他的隱私部位，一定要告訴爸爸和媽媽，這方面不應該有秘密。

4.孩子步入小學時期，父親該做什麼？

小學時期是孩子從媽媽的懷抱裡走出來的重要時期。這一時期，父親的重要任務是幫助孩子擺脫對媽媽的過度依戀，由家庭走向學校和更為廣闊的外部世界。

培養孩子的
自我管理能力

我（李文道）經常路過北京市一所小學的門口，留意觀察父母與孩子在學校門口的互動。

下午放學時，孩子背着書包興奮地走出校門，奔向校門口等待他們的父母。如果接孩子的是媽媽，一般情況下媽媽會很主動地接過孩子遞過來的書包，並做出一些親密的動作。如果接孩子的是爸爸，情況往往就不一樣了，爸爸打個招呼，然後父子倆肩並肩或一前一後地離開校門，大多數情況下，書包仍然在孩子手上或背上。

書包在父母手裡還是在孩子手裡，看似一件微不足道的行為，但

時間一長，這種行為就有可能逐漸升格為習慣，並最後發展成為一種人格特質。

我們知道，不能自理的孩子往往難以自立，我們曾在前面提到過的兩個例子都是極其缺乏自理能力的，一是那個潑熊的清華大學生，讀大學時還不會洗衣服，每個週末都把衣服帶回家讓媽媽洗，他也極其缺乏自理能力，連從家去大學的騎車路線都是媽媽規劃好的，每個週末媽媽騎自行車接送他回家和去學校。二是那個被中科院退學的「天才」魏永康，他的自理能力差得可憐，自己睡的宿舍床舖比「狗窩」還髒還亂。這兩個例子均既缺乏自理能力，又極其缺乏獨立判斷的能力。

小學時期是孩子由家庭走向學校和更為廣闊的外部世界的時期，是孩子獨立過程中的重要階段。在這一時期，孩子要在父母的引領下，學習如何獨立應對生活中的新變化，以自信的姿態走向社會。在孩子獨立的過程中，自理能力是最先發展的一種獨立能力，自理是孩子逐漸走向自立的必由之路。早在 1927 年，著名教育家陳鶴琴先生就提出：「凡兒童自己能做的，應該讓他自己做；凡兒童自己能夠想的，應該讓他自己想。」

在孩子的自理及獨立能力的發展過程中，父親往往發揮着比母親更重要的作用，父親往往更鼓勵孩子的自理和獨立，希望孩子逐漸擺脫對他人的依賴，走向獨立。上面所提到的那兩個極其缺乏自理能力的個案，都是因為母子關係過於緊密，母親包辦和代替過多使其喪失了基本的自理能力。

父親怎麼做才能發展孩子的自理能力呢？

父親應該循序漸進地培養孩子的自理能力，根據他的能力，逐漸讓他承擔與年齡相符的自我管理責任。

孩子進入小學以後，就可以把書包的管理責任交給孩子了。父親可以指導孩子怎麼樣整理書包。開始的時候父親可以先給孩子列一個書包清單，用較大的字號把孩子上學該帶的東西列印出來，比如：

文具盒	鉛筆 橡皮 鉛筆刀 夾子……
課本	語文 數學……
其他	水杯 手紙 手帕 錢……

把列印好的清單放在方便看到的地方，最初幾次先跟孩子一起一樣一樣地收拾書包裡的物品。一兩個星期以後，孩子對書包裡要帶的物品熟悉了，就可以讓孩子在父親的監督下整理物品，一旦孩子有所遺漏，父親提醒提醒即可。再過一兩個星期，孩子對整理書包已經非常熟練了，父親就可以逐漸放手，讓孩子獨自管理書包了。

到二三年級的時候，父親可以讓孩子慢慢地管理自己的臥室。

到四五年級的時候，父親可以讓孩子管理自己的零用錢，建立小賬本，記錄自己的收支，並學習如何存錢，甚至如何投資了。

自我管理能力的培養不僅僅提升了小學生做事的能力，更重要的是，提升了他們掌控生活的自信心和獨立能力，這種自信心和獨立能力，是小學生探索未知世界的動力源泉。

培養孩子的
獨立能力

　　小學階段的兒童逐漸獲得了基本的生活能力，他們有能力做許多事情了。從孩子的角度來看，小學生其實已經有很強烈的獨立意識，希望對自己的生活有所掌控，因為由父母控制的生活缺少自由度，其實並不像父母想像的那麼舒服。

　　從父母的角度來看，家庭教育的最終目的是培養一個獨立的成熟的個體，教育的目的是為了使孩子能夠形成自我教育的能力。

　　從現實的角度來看，孩子將來還要靠自己，在人的一生之中，最可靠的那個人還是自己。

　　因此，父母在小學階段就應逐步培養孩子的獨立能力。小學生需要養成的獨立能力有很多，比如吃喝拉撒睡等等，下面我們就以獨立上下學為例，探討父親如何培養孩子的獨立能力。

　　如何指導小學生獨自上下學呢？父親應該循序漸進地進行。這裡可以分享一下我（李文道）的經驗：

　　一位朋友的女兒，一個活潑可愛的 12 歲小姑娘，開始上初中，卻無論如何也不願意自己去上學，堅持有人陪她去。

　　我的朋友認為：上初中了，女兒應該獨立去學校了，他們也打算不再送女兒去上學了。我的朋友千說萬說，道理講了一大堆，女兒卻刀槍不入、死活不聽，如果父母不送，她就不去上學了。我的朋友最後不勝其煩，卻又無計可施，最後找到我：「李博士，您是研究心理學的？您有什麼方法？」

　　我與這位朋友先一起分析了一下實際情況：她上學的路線其實並不複雜，中間只需要換一次公交車，一個 12 歲的女孩完全可以做到這一點。我與朋友一致認為：他的女兒不願意獨自一人上學的最主要的原因是她的心理恐懼——對自己獨自上學缺乏信心；同時她也缺乏經驗——不知道怎麼樣換乘公交車（這麼多年了，她一直是父母領着坐公交車，連看站牌都沒學會）。我們判斷：她有獨自上學的動力——上初中了，還需要父母陪送上學，這在同學面前並不是一件光彩的事情。我們還達成共識：如果馬上逼她獨自一人乘公交車，就有可能把她置於危險之中。

　　最後，我與朋友一起制訂了循序漸進的行動方案，美其名曰「四步走『戰略』」：

　　第一步，父母陪孩子乘公車，先引導女兒如何看站牌，如車次、方向、起點及終點等，並告訴她如何換乘等等。

　　第二步，讓女兒引領父母乘公交。在這階段，父母仍然陪女兒去上學，但身份發生了改變，女兒是引領者，父母只是簡單的陪伴，主要起到心理上的安慰作用。在此過程中，父母可以陪在女兒身邊，可以通過眼神等肢體語言進行交流，一般不要進行言語指導。

　　第三步，女兒乘公交，父母像陌生人一樣遠遠地關注着女兒，遠距離地給女兒一種心理安全感。

　　第四步，女兒獨自一人去乘公交，父母不再陪伴。

　　我們本來打算用一個月的時間，每個步驟一個星期。結果遠遠超出我們的期望。到第二個星期時，朋友的女兒就突然宣佈不再需要父母陪伴了。第三個星期天，朋友的女兒就宣佈：自己一個人去姥

姥家。朋友有點擔心，去姥姥家要換乘兩次公交、一次地鐵，但他們還是選擇了相信女兒。朋友的女兒最終安全順利地抵達姥姥家並獨自返回。

朋友在電話裡激動地告訴我：看到女兒獨自一人回家時臉上流露出的自信，他又一次體驗到當一個老爸的幸福。在這個過程中，朋友的女兒犯了一些初學者經常會犯的錯誤，如有一次坐過了站，還有一次去姥姥家時換錯了車。每一次，朋友的女兒都自動地糾正了錯誤。

　　在我的成功經驗中，有三點是需要父母特別注意的。第一，女孩的獨立能力比父母想像的要強得多。第二，在給予女孩獨立的機會之前，一定要給予她嘗試與訓練的機會，女孩獨立的過程應該是一個「循序漸進」的過程。第三，嘗試獨立的過程可能是一個犯錯誤的過程，父母應該多鼓勵，不要批評，要相信孩子具有驚人的自我糾錯能力。

　　雖然這個女孩是在 12 歲上初中時才學會獨自上下學的，但我認為這個階段完全可以提前到小學高年級。

　　當然，在培養獨立性方面，我（孫雲曉）也有許多親身體會可以與父母分享。前面我提到過，在我女兒十歲的時候，我曾讓女兒獨自去外地朋友家過暑假。她第一次在沒有父母陪伴的情況下出門，在一個陌生的地方生活了近一個月，每天都有很多新鮮的經歷讓她來寫日記。我覺得那次生活給了女兒很深的體驗。有人說，你怎麼膽子這麼大，敢讓孩子到處跑。我覺得，沒有獨立性的孩子很難有自信心，女孩子特別需要擺脫依賴性的束縛，才會有廣闊的天空。要捨得把孩子放出家門，因為人是在體驗中長大的。我們不能代替孩子成長，也不能代替孩子體驗。如今的孩子在成長過程中，間接經驗過多，而直接經驗也就是親自體驗後得到的經驗偏少。你會發現只有一個人親身體驗過了，記憶才會最深刻。

　　其實，家庭生活中到處都是培養孩子獨立性的機會，關鍵看父母是否有這種意識，尤其是母親是否願意放手，父親是否願意接手。

培養孩子的
責任感

中國社會調查所（SSIC）在北京、上海、湖南、廣東、湖北、遼寧等地對 1000 位公眾就關於「青少年責任感的問題和公眾的看法」進行問卷調查。當被問及「您認為當今青少年的責任感如何」時，13%的被訪者表示非常差；32% 的被訪者表示比較差；29% 的被訪者表示一般；17% 的被訪者表示比較好；9% 的被訪者表示很好。從數據看出，多數公眾認為當今青少年的責任感比較差。其中，21.7% 的被訪者表示，現在有許多青少年根本不知道什麼叫「責任」，在面對問題時，只會想讓別人對自己負責，從沒有想到自己該對別人負責。

青少年責任心缺失的原因其實可以追溯到小學階段。小學階段是責任心培養的關鍵時期，因為責任心主要是一個外部責任內部化的問題。幼兒時期的責任心主要是由外部因素（如權威人物的獎勵和懲罰）來維持的，而小學階段是責任心由外部因素向個體內部情感和信念轉化的關鍵時期。現行內地的《小學生守則》第九條明確規定「有責任心」是小學生們的行為準則。同樣，現行內地的《小學生日常行為規範》中也有許多內容涉及到責任心的培養。

父親該怎麼樣培養孩子的責任心呢？

首先，要讓孩子對自己的行為負責，尤其是對自己的過錯承擔責任。

在心理學上有一種自然後果法，它起源於法國著名思想家盧梭。盧梭主張：讓兒童憑自己的直接經驗去接受教育，體會自己所犯錯誤的自然後果，從而學會如何行為，如何做事。

　　日常生活中有許多讓孩子接受「自然後果」教育的機會，比如當孩子早上鬧鈴響了睡過頭遲到時，當孩子忘帶學習用品時……這個時候，父母不要把責任攬到自己身上，而要讓孩子承擔錯誤所帶來的懲罰，這是培養孩子自我負責的好機會。

　　其次，讓孩子在承擔家務責任的過程中學會如何承擔責任。父親要認識到：小學生有義務做家務，作為家庭中的一分子，孩子享受了父母的關愛以及家庭帶給他的諸多權利，他有義務承擔力所能及的責任。在德國，孩子必須幫助父母做家務，這被明確寫進了法律：

　　六至十歲的孩子要幫助父母洗餐具，給全家人擦皮鞋；

　　十四至十六歲的孩子要負責擦汽車和給菜園翻地；

　　十六至十八歲要完成每週一次的房間大掃除。

　　有一份關於各國中小學生每日家務勞動時間的報告顯示：美國 72 分鐘，泰國 66 分鐘，韓國 42 分鐘，法國 36 分鐘，英國 30 分鐘，中國學生只有可憐的 12 分鐘。

　　小學生可以做哪些家務呢？不妨從下面 10 項家務試試：

　　倒垃圾

　　掃地

　　澆花

　　拿報紙

　　擇菜

整理自己的房間

買日用品

洗衣服、晾衣服

飯前擺放碗筷

飯後洗碗

……

父親們要認識到，責任心是在承擔責任的過程中培養成的，沒有承擔過責任，責任心的培養就是一句空話。有責任心的孩子，才能真正理解父母為他所做的一切，才可能常懷感恩之情。

培養孩子的勤奮感

小學階段是勤奮感建立的關鍵時期，按照心理學家埃里克森的說法，這一階段的勤奮感與將來的工作態度緊密相關。如果一個孩子在這一時期能夠勤奮努力學習，他長大成年後將願意努力工作。一個小學生如果沒有習得正常的勤奮感，那麼往往就會產生自卑心理，最終有可能發展成為自暴自棄。

小學生的父母和老師往往會面臨這樣一個問題：為什麼有些小學生自暴自棄了呢？而有些小學生願意努力學習？是什麼使他們走上了不同的發展道路？

為什麼有些小學生變得自暴自棄？

心理學上著名的「習得性無助」實驗可以解釋這種現象的發生[1]。著名心理學家塞利格曼等研究人員先用狗為實驗對象進行實驗。實驗開始時，在實驗箱中的狗被套上鎖鏈，蜂鳴器一響，電擊即開始，狗會本能地逃跑，但因被鎖鏈鎖住而無法逃走。經歷了多次無法逃脫的電擊之後，研究人員把狗放在一個新的、可以逃離的實驗情境中，蜂鳴器一響，狗就可以越過障礙逃到實驗箱的另一端逃避電擊。在這個新的實驗情境中，那些沒有經歷過電擊的狗在電擊一開始就會瘋狂地四處逃竄，而且很快就學會聽到信號就越過障礙物逃離到安全地帶，而那些有過無法逃脫電擊經歷的狗，在蜂鳴器響起電擊開始後往往躺在地上，靜靜地嗚咽，這些狗也不會躲避電擊了，不會逃跑了。

研究人員這樣分析其中的原因：在最初的無法逃避的電擊中，狗已經無數次地嘗試逃避，但每一次都以失敗告終，最後這些狗形成了這樣一個認識：無論它們怎麼做都擺脫不了電擊的命運（這被稱作為「習得性無助」），這種「無助感」往往會根深蒂固，即使後來遇到可以逃避的電擊時，它們仍然用開始時習得的「無助感」來應對新的刺激情境，認為逃避是沒有用的，所以乾脆就不逃避了。

研究者還以人類為對象進行了類似的實驗，並得出相同的結論：人和動物都容易受到「習得性無助」的影響。

我們認為，那樣自暴自棄的小學生往往就是「習得性無助」的產

---

[1] 傑瑞・從・伯格：《人格心理學》，陳會昌譯，中國輕工業出版社，2000。

物。我們推測，在這些學生的學習經歷中，肯定經歷了許多次的失敗，最終使他們產生這樣一種認識：無論如何努力，都無法逃脫失敗的結局。因為無法逃脫這種失敗的命運，努力就沒有任何意義了，所以乾脆放棄了自己的任何努力，「破罐子破摔了」。一旦「習得性無助」真正形成，它就會控制小學生的行為，一遇到困難就自動放棄自己的努力，並通過拖延等各種方式逃避。

為什麼有些小學生願意努力學習呢？主要原因是他們在學習過程中收到許多積極的反饋，使他們對自己的學習能力充滿自信，他們發現了努力與成功之間的緊密關係，為了獲得成功，他們願意積極努力。因此，勤奮感的建立是反覆成功的結果，是正向反饋的結果。

因此，要建立勤奮感，一定要讓小學生多體驗到積極的反饋，多表揚多鼓勵，多讓他們體驗到努力之後的快樂。現實生活中，許多父親往往吝於表揚鼓勵，害怕表揚鼓勵會讓孩子驕傲自滿，這是一種非常有害的做法。父親一定要學會表揚鼓勵孩子，要讓孩子能夠感受到來自父親的欣賞，父親的欣賞是他們繼續努力的不竭動力。

如果一個孩子顯現了「習得性無助」的苗頭或者身陷「習得性無助」的泥淖，那麼父親該怎麼做才能幫助他重新建立勤奮感呢？我們的答案是：小步子循序漸進。

下面我們就以一個小學四年級的學生為例來說明如何改變他的無助感，重新建立他的勤奮感。這個小學生的數學成績經常是50分上下，總是不及格。

我們先分析一下這個小學生的情況。我們推測：由於多次不及格的經歷，這個小學生已經放棄了對數學的努力，他已經有了這樣一個

相對固定的認識——不管如何努力，我的數學都不可能及格。

我們的目的是：通過增加這個學生的成功體驗來增強他對數學的自信心。

我們的具體做法是：先跟這個孩子共同商量一個他認為自己可以達到的目標，比如 60 分，並約定好達到目標後的獎勵措施。這個目標一定不要過高，要與孩子實際水平相適應，比孩子的實際水平稍高一點即可。如果孩子經過自己的努力達到這個目標，再與孩子共同商量一個稍微更高一點的目標，比如 65 分，並共同約定獎勵措施。要注意的是，在這個時候，分數的進步不是最重要的，最重要的是通過分數的少許提高來提升他們對數學的信心。如果孩子經過自己的努力又達到了目標，再跟孩子約定下一步的目標及獎勵措施。一般情況下，經過四五次成功的體驗，孩子發現數學沒有想像的那麼難了，就會逐漸提升自己對數學的信心，他的數學成績自然會逐漸提高。

通過如此循序漸進的做法，一般情況下，孩子的自信心會逐漸恢復，並變得願意努力學習，勤奮感也會慢慢地培養起來。

培養孩子的運動興趣

小學階段的兒童已經具備了基本的運動素質，他們的身體協調性在不斷增加，他們的身體力量也在不斷增強，因此小學階段是身體運動發展的重要時期。在這一時期，運動興趣的發展是重中之重，運動能力的發展居於一個相對次要的位置，運動能力要等到青春期開始以

後才變得更為重要。

我們在寫作《男孩危機?!》、《女孩危機?!》時，發現中國男孩和女孩的體質都在持續地、穩定地下降：跑得更慢了，跳得更近了，爆發力更差了，肺活量更低了，近視率更高了……

中國孩子的體質下降跟他們長期缺乏運動鍛煉緊密相關，而缺乏運動鍛煉又直接跟缺乏運動興趣緊密相關。

我們在前面提到，父教是運動之育，父親在發展孩子的運動興趣方面無疑發揮着更為重要的作用。還記得那個一路跑進國際奧委會的李紅嗎？正是她父親在她六歲時的有意識訓練，使她養成跑步的習慣，還有鄧亞萍，也是父親的從小培養，使她一步一步走上世界冠軍的領獎台。被稱作「鐵鄉頭」的著名女排明星郎平也是在父親的陪伴下喜歡上運動，喜歡上排球的。郎平的父親是個體育迷，一有機會就帶着小郎平到住家附近的北京工人體育館去看比賽。父親對體育的酷愛直接影響着郎平，在郎平少年時代的記憶裡，排球給她留下了美好的印象，她對排球產生了濃厚的興趣，並一發不可收拾。美國總統奧巴馬現在就是小女兒薩沙的籃球教練，他經常陪女兒打籃球。

興趣是最好的老師，如果小學時期父親能培養起孩子對運動的興趣，那麼孩子長大後更有可能繼續保持運動的好習慣。

父親在培養運動興趣時，要抓住以下兩點：

第一，讓孩子感受到運動的樂趣。我們每個人都喜歡能給我們帶來樂趣的東西，孩子也一樣，要讓孩子對運動產生熱愛，首先要讓孩子感受到運動的樂趣。要讓孩子感受到運動的樂趣，父親應該遵循先易後難、循序漸進的原則，讓孩子在不斷成功中發展興趣。

　　第二，讓孩子瞭解運動的好處。父親可以與孩子一起瞭解運動可能給我們帶來的各種好處。根據孩子的特點和需要，告訴他運動的好處。對希望自己身材更高的孩子來說，告訴他運動鍛煉可以有效地促進身高的增長，經常參加體育鍛煉的學生與其他同齡人相比，身高平均高四至七釐米。對於愛美的女孩來說，讓她瞭解運動有助於女孩完美體形的塑造，體育鍛煉所塑造出來的美才是真正的自然美、健康美。對於希望身強力壯的孩子來說，告訴他運動有助於骨骼和肌肉等運動系統的發展與完善，有助於提高血管系統的機能。

　　有資料顯示，一般人每次脈搏輸出量為七十至九十毫升，經常鍛煉的人為一百至一百二十毫升。對於希望自己更聰明的孩子來說，讓他瞭解運動鍛煉能很好地促進神經系統（特別是大腦）的機能，體育與智育是可以相互促進的。體育鍛煉可以改善神經系統的機能，使人的頭腦清醒，記憶迅速，思維敏捷。對於希望獲得友誼的孩子來說，讓他知道運動鍛煉可以幫助他交到好朋友，促進他的人際關係。

5.孩子步入青少年時期，父親該做什麼？

　　青少年時期是人生中最為美好的時期，青少年被稱作為「初升的太陽」，他們的身體迅速發育成熟，對未來充滿了無數美好的憧憬……但青少年時期也是人生中最為動蕩的時期，心理學家稱這段時間為「狂風驟雨期」，他們面臨着太多的選擇，學業、職業、友誼、情感……他們容易衝動，做事不經過大腦，看似勇敢，實則魯莽。青少年身上充滿了力量，但是他們又往往缺少控制這些力量所需的理智與判斷，他們需要有人指引他們如何控制自己日漸強大的力量，並把這些力量導向對社會有益的方向，而父親的教育往往正是最好的選擇。

　　在青少年時期，有一位不離不棄的父親在身邊指引，是青少年的福分。父親的指引，讓青少年在這個紛繁複雜的世界中找到前行的方向。在青少年時期，父親在孩子發展的許多方面扮演着至為關鍵的角色，發揮着不可或缺的作用。

讓孩子
走向獨立

青少年時期是一個獨立意識蓬勃發展的時期，是一個人由家庭真正走向社會融入社會的關鍵時期。與母親相比，父親更鼓勵青少年的獨立行為，父親的鼓勵是青少年離開母親懷抱的重要力量。正如弗洛姆所言，父親往往代表着外在的世界，父親正是促進青少年發展獨立意識、真正走向社會的關鍵力量。青少年正是順着父親這座橋樑走向獨立和更廣闊的外部世界。

父親的這種關鍵作用，在男孩身上體現得特別明顯，人們在很早的時候就已經認識到了，現在的一些部落社會仍然保留着這種傳統[①]。

拉科塔族印第安人聞名於世。或許你是通過電影《與狼共舞》熟悉這個民族的。這個民族有着古老的文化，族人精力旺盛，還有一大特點就是男人和女人之間和諧的關係。

拉科塔男孩長到14歲時被送去參加「幻象探索」或者説啟蒙測驗。測驗中，他們坐在山頂上，不吃不喝，等待由於飢餓產生的幻覺出現。幻覺中將出現一個人，這個人帶來了來自精神世界的預言，這些預言能指導孩子們的生活。當孩子們孤零零地在山頂上不吃不喝，渾身陣陣顫抖時，他們將聽到山林中獅子發出的吼叫聲，以及獅子走進暗處時發出的聲響。事實上，這些聲音是部落裡的男人們發出的。他們暗中看護，目的是確保男孩們的安全。對拉科塔這個民族來説，年輕人

---

① 史蒂夫・比達爾夫：《養育男孩》[M]，豐俊功、宋修華譯，中信出版社，2008。

的生命太寶貴了，不能作無謂的犧牲。

當男孩戰勝困難，最終回到部落時，部落會舉行儀式來慶祝他的勝利。但是從那天起，在以後整整兩年的時間內，他不能跟自己的母親説話。

與所有以狩獵和採集為生的部落婦女一樣，拉科塔的母親非常愛孩子，對孩子傾注了心血。孩子們就住在母親的帳蓬或棚屋裡，睡在她們身邊。拉科塔人認為，如果孩子剛剛邁入成年就跟母親説話，那麼他將再次掉進女人的世界裡，永遠也長不大，因為重返童年的吸引力是巨大的。

兩年過後，族人會為這些年輕人和母親們舉行一個重聚儀式，但是此時，他們已經是男人了，能夠以男人的方式與母親相處了……拉科塔的母親們從這次「離別」中也有所收穫，她們確信，兒子再次回到她們身邊時，一定會成為一個彬彬有禮的小夥子，會成為她們親密無間的朋友。

當然，現代社會的父親不能像拉科塔人那樣把男孩扔進叢林野外，但是這種精神是值得現代父親學習的，父親在男孩成長為男子漢的過程中發揮着關鍵作用。

對女孩而言，父親的存在也是避免母女關係過於糾纏的重要因素。在教養孩子方面，母親是生養育一體的，因此母親往往把女兒看作為自己的延伸。作為女性，母女之間存在許多一致性，這一方面給女孩帶來好處——母親是發展的榜樣和範本，但如果母女關係過於親密，女孩對母親的依戀過度乃至糾纏不清，就會威脅或阻礙到女孩獨立性的發展。在 2010 年 7 月 23 日的《解放週末・女性》刊登的《戀母的女孩長不大》一文中，學者南茜・弗萊迪認為：「女孩則從小就被過度保護，被當成

溫室裡的花朵，受到小心的呵護，根本沒有機會接觸真實的世界。」心理學家特里·阿普特認為：「過分依賴母親的女性，往往沒有主見——她們不願住得離母親太遠，時刻牽掛着母親的喜或憂，凡事都要讓母親替自己拿主意。她們腦海中經常出現母親的聲音，母親如何對自己的一言一行、一舉一動評頭論足。」

對母親的過度依戀會嚴重壓縮女孩獨立的時間與空間，進而影響到女孩的獨立精神。在心理學上，父親被看作是孩子掙脫母親懷抱的關鍵力量，父親是孩子走向外部世界的橋樑，父親的存在與鼓勵是孩子獨立性發展的基礎，對男孩女孩都是如此。

作為一名父親，著名畫家豐子愷的做法值得借鑒。1947 年，近50 歲的豐子愷跟七個兒女約定：

（一）父母供給子女，至大學畢業為止。大學畢業後，子女各自獨立生活，並無供養父母之義務，父母亦更無供給子女之義務。

（二）大學畢業後倘能考取官費留學或近於官費之自費留學，父母仍供給其不足之費用，至返日為止。

（三）子女婚嫁，一切自主自理，父母無代謀之義務。

（四）子女獨立之後，生活有餘而供養父母，或父母生活有餘而供給子女，皆屬友誼性質，絕非義務。

（五）子女獨立之後，以與父母分居為原則。雙方同意而同居者，皆屬鄰誼性質，絕非義務。

（六）父母雙亡後，倘有遺產，除父母遺囑指定者外，由子女平分受得。豐子愷有 7 個兒女。

從中不難看出，豐子愷鼓勵子女獨立，讓兒女們走自己該走的路，過自己該過的生活。

讓孩子
融入社會

青少年時期我們開始離開家庭，走向社會就成為一種必然。走向社會簡單，融入社會、建設良好和諧的人際關係則並不容易。

人際關係搞不好，容易引發一些嚴重的問題。關於人際關係對孩子發展的重要性，我（孫雲曉）曾經用「孩子沒有朋友比考試不及格還要嚴重」這個觀點加以強調，在央視的百家講壇講演中，我提到一個北大男生的案例。

寧夏有一個男同學王希（化名）學習成績出類拔萃，全國中學生化學大賽西北賽區第一名，被保送到北京大學化學系。但是誰都想不到，在大學三年級的時候，王希被判處有期徒刑11年。

怎麼回事呢？王希學習成績非常好，但是他沒有朋友。從小學到中學，放了學就回家，回家就學習，上了大學也基本上沒有什麼朋友。到了大三的時候，他感覺到沒有朋友的日子是很難過下去的。他就一定要交上朋友，他就和同宿舍的一個男同學形影不離，後來呢這個同學聽到一些議論，說兩個小夥子為什麼總黏一塊兒？他就覺得緊張了，就說我們兩個不能這麼來往，慢慢地疏遠這個王希。

王希很難過，就勸那位同學，說我們倆不能分開，可那個同學堅決不理他。後來，這個王希就認為我對你這麼好，你卻對我這麼絕情，那他就要進行報復。他怎麼報復？他是學化學的，他搞到一種劇毒的化學品——鉈鹽，把它投到同學的杯子裡，一個宿舍住的同學當然難以防備了。那位同學喝了，反應逐漸嚴重起來。這個王希還是良心未泯，一看這麼慘，他也沒想到有這樣的後果，就趕快打車送他去醫院搶救。在醫院的追問之下，他被迫承認了是他投的毒，經過搶救這個男同學沒有死，但是要住院治療一年，花的醫療費有六萬多元。

　　一年後那個受害的同學出院了，就向法庭起訴王希，北京海淀法院進行審理，案情非常簡單，最後判定王希犯故意殺人罪，有期徒刑11年，剝奪政治權利三年。消息傳回家鄉，他的父母一聽真受不了，他們無法理解一個這麼努力學習的孩子，怎麼會發展到故意殺人的地步，後來他們悟出來了，就是忽略了這孩子人格的培養。

父親在青少年融入社會的過程中發揮着重要作用。父親的鼓勵與引導會使青少年克服恐懼心理，充滿自信地走向同齡人的世界，進入更為複雜的人際世界。

易趣 CEO 邵亦波當被問及成功後的最大感受時，他把他的成功歸於他的父親：「我所取得的一切，都應該歸功於我的父親。父親從我懂事起就給予我的獨特教育、嚴格督促和精心設計，是我成長的關鍵。」通過《邵亦波，成功源自父親獨特的家庭教育》[①] 一文的講述，我們知道邵亦波為什麼如此感謝父親了。

剛入青春期時的他，曾經為人際關係而煩惱：

邵亦波升初中時，為了讓他更多地接觸社會，培養獨立生活能力，父親毅然決定讓他寄宿，將他送到了華東師大附中。

剛到學校時，12 歲的邵亦波很不習慣。過去，每天放學就回家，與同學的交往僅限於學校；現在，每天一睜開眼就要面對同學們，經常有些意想不到的事情發生，讓邵亦波感到無所適從。他變得很內向，不知該怎麼跟同學們來往和交流。別人在一起有說有笑，他卻獨坐一旁黯然神傷。久而久之，同學們都覺得他很傲慢，也不太願意理他。

父親及時出現，針對他的人際關係，提出了建設性的建議。

父親專程趕到學校，與邵亦波進行了一次長談，既肯定了他堅持住校並保持優秀的學習成績，又詳細地詢問了他不想住校的原因。邵

---

① 阿麗、布敏：《邵亦波，成功源自父親獨特的家庭教育》[J]，《家庭與家教》，2003.4。

亦波坦誠地向父親談了自己的苦惱。

針對他不善於與同學交往，父親對他說：「首先，這是我做父親的失職，過去在與人交往這方面沒注意培養你。其實，同學們對你都是友好的，只是你過於封閉自己了，不敢與同學們來往，才造成了同學們覺得你傲慢的印象。反過來，這種印象也讓同學們對你敬而遠之。同學們的這種態度，讓你更不知道怎麼去與他們交往。」

為了讓邵亦波更好地適應環境，父親還去找了邵亦波的班主任，希望她能做做同學們的工作，請大家配合他共同走出這個誤區。在父親、班主任和同學們的共同努力下，邵亦波變得開朗起來。他主動與同學們交往，幫同宿舍的同學打開水，搶着打掃衛生。同學生病時，他主動悉心照料。他的學習成績在班裡數一數二，同學們有了學習問題都願意向他請教，他都耐心而詳細地給同學們講解，直到同學明白為止。

慢慢地，同學們開始喜歡上了學習好、人又實在的邵亦波，大家都願意與他交朋友，有什麼活動也都願意叫他參加了。邵亦波周圍的朋友越來越多。直到今天，許多同學還與他保持着來往。

在父母的鼓勵與指導幫助下，邵亦波擺脫了人際煩惱，重建了和諧的同伴關係。他這樣表達了對父親的感激：「如果不是父親給了我自信，讓我學會了如何與朋友交往，我可能會一事無成。」

在引導子女的人際關係發展方面，父親可以把握以下三個原則：

第一個原則是學會發現他人，尊重多元文化，善於和不同的人共同生活。

第二個原則是引導孩子要學會相互學習，善於發現對方的優點。

第三個原則是我們的孔老夫子説的，「君子和而不同」。我尊重別人，我善解人意，我願意幫助別人，但是不等於失去我自己。我要保持我的個性，我要保持我的優點，在遇到不同意見時，我要保持我的見解，但是會友好地相處。

磨煉孩子的「逆商」

現在有些人把青少年稱作為「草莓一族」，即指他們由於生活一帆風順，沒有經歷過磨煉，因而極其缺乏對抗挫折的能力。有些青少年長期生活在父母過於溫暖的懷抱中，父母過度保護、過度關心，剝奪了他們克服困難的機會，最終使他們如溫室裡的花朵一樣，難以抵抗自然界真實的風雨。

在心理學上，面對挫折、擺脱困境和超越困難的能力被稱作為「逆商」。在這個競爭日趨激烈的社會，逆商正在變得越來越重要了。生活本來就是充滿挫折的，孩子未來的生活是誰也無法預料，也是無法代替的，明智的父母最好重視孩子的「逆商」，把它看作送給孩子未來的最好的禮物。

一般而言，母親難以「狠」下心來，這時候父親就要學會「狠」下心來。要知道，沒經歷過挫折的孩子將來可能因為一丁點小挫折就萎縮不前，那些「啃老族」——待在家裡什麼工作也不做的大學生就不就是前車之鑒嗎？

父親應該怎麼做呢？

　　第一，把經歷挫折的機會原原本本地還給孩子。

　　只要父母不包辦代替，生活中本來就有許多挫折，考試成績不理想，同伴之間發生了衝突，心愛的名牌無錢購買……這些時候，正是提升孩子逆商的機會。父親可以從旁關注，如果孩子需要指導，父親就以顧問的身份參與其中，指導孩子如何思考問題，最終達到孩子自己解決問題的目的。父親需要記住：現在「指導」的目的是為了將來「不指導」，指導的目的是在父親的幫助下磨煉克服困難的意志以及思考問題解決問題的方法，終極目的是讓孩子能夠獨自應對挫折和挑戰。

　　第二，讓孩子有獨立面對挫折的機會。

　　在他人的指導幫助下克服困難挫折是一種「虛假的真實」，畢竟父母無法真正替代孩子獨自面對挫折的情形。還記得我們在前邊提到過的王永慶先生嗎？他的女兒王貴雲出國時，連一句英文都不會說，住校時被欺侮，王永慶聽到後，反應是：「It is good!」長子王文洋 13 歲那年就被送到英國留學，王文洋經常受到洋學生的欺凌打罵，有次被打得遍體鱗傷，而遠在千里之外的父親無法保護他，便自我砥礪，學中國功夫，結果反敗為勝，成為同學眼中小英雄。

　　第三，對於那些過度依賴、不願獨立的孩子，父親應該採取堅決的措施，必要的時候要「逼」孩子獨立。

　　下面就是一位叫郝麥收的父親的做法。他的兒子郝丁，在父親眼裡依賴成性、不自立、不勤奮，中專畢業後耗在家裡指望父母幫忙找工作。郝麥收的妻子希望丈夫能夠利用社會關係為兒子找一個好工作。其實，郝麥收完全有條件動用自己的社會關係給兒子找一份像模像樣的好工作，但他沒有那樣做。他認為，那樣做就是害了孩子，這樣長

大的孩子將來也沒有什麼出息。在兒子找工作的關鍵時刻，他作出一個重大選擇：讓兒子第二次「斷奶」，逼兒子簽訂了一個雙向獨立協議，讓兒子為自己的生活、為自己的將來負責。協議的內容很簡單，但傳遞的資訊卻非常明確：

郝丁（兒子）承擔的責任：自力承擔接受高等教育的費用；
　　　　　　　　　　　　自力謀生，自己創業；
　　　　　　　　　　　　自力結婚成家；
　　　　　　　　　　　　自己培養子女。
郝麥收（爸爸）、孫子芬（媽媽）承擔的責任：養老費和醫療費自我儲蓄；
　　　　　　　　　　　　日常生活和患病生活的自我料理；
　　　　　　　　　　　　精神文化生活的自我豐富；
　　　　　　　　　　　　回歸事宜的自我辦理。
　　　　　　　　　　　簽約議人：父代：郝麥收　孫子芬
　　　　　　　　　　　　　　　　子代：郝丁
　　　　　　　　簽協議時間：2006 年 9 月 18 日

簽訂協議後，父親認真履行協議，堅持三點：一不幫忙找工作，二不給錢，三不替他作決定。兒子最終沒有了依靠和指望，在家裡熬了幾個月熬不下去時，開始外出找工作，先後做過打字員、文員，賣過包子、醬牛肉，開過小店，當過「掃街」的廣告員，做過一年沒有工資報酬的「廠長助理」。在經歷了一系列挫折以後，兒子終於找到

了自信，發現了自己的特長，最終成為一名成功的廣告人。現在，兒子也理解了父親的一片良苦用心，雖然協議上約定兒子不用承擔父母的贍養義務，但兒子已明確表示他會「違反」協議，當父母真的不能自理那天，他會盡自己的贍養義務。

具有高「逆商」的孩子，才能以不變應萬變，有能力在競爭日趨激烈的未來社會中贏得勝利。

敢於「狠」下心來磨煉孩子的父親才是真正具有「大智慧」的父親！

引領孩子走出人生迷茫

人生看起來很漫長，但關鍵的就那麼幾步，有幾個關鍵時期大概決定了人生的走向，青少年時期就是這樣一個關鍵時期。在青少年時期，個體面臨諸多重大的選擇：

讀大學還是直接就業？

讀哪所大學讀什麼專業？

做什麼工作？

如何在興趣、能力與現實條件中作出明智的選擇？

是否要戀愛？戀愛真的影響學習嗎？

如果戀愛，該找什麼樣的女（男）孩作女（男）朋友？

除此之外，還有更為困惑的問題在等待着他們，這些問題的答案往往需要很長時間甚至一生去回答：

人生的價值是什麼？

活着的意義是什麼？

這麼多難以回答的問題在很短的時間內就會湧進青少年的腦袋裡，他們面對太多的選擇，又有着太多現實的無奈：自身條件的限制、激烈的社會競爭、冷酷的社會現實，讓他們在理想和現實中掙扎徘徊。

這個階段的青少年，迫切需要一個人生導師，指引他們在紛繁複雜的情形中走出迷茫與困惑。

大家還記得那個在 2008 年北京奧運會上勇奪八塊金牌的「飛魚」菲爾普斯嗎？菲爾普斯來自美國巴爾的摩的一個單親家庭，他的父親弗雷德是一名警員，母親黛比是一位中學教師，父母兩人在菲爾普斯七歲的時候離異。很小的時候，菲爾普斯就被診斷為「多動症」，母親不離不棄地陪在他的身邊。從很小的時候起菲爾普斯就通過服用藥物來控制自己的多動症，他的母親希望他將來成為一名學者。

11 歲的時候，游泳教練鮑勃‧鮑曼發現了菲爾普斯的游泳天才，菲爾普斯的人生就此發生了翻天覆地的變化。在鮑勃‧鮑曼的勸說下，菲爾普斯的母親放棄了讓兒子成為一名學者的想法，全力支持他練習游泳。通過游泳，菲爾普斯成功戒掉了治療多動症的藥物。最後，也是在教練鮑勃‧鮑曼的勸說下，年輕的菲爾普斯放棄了他十分喜愛的棒球和曲棍球，專心致志地主攻游泳。

自從鮑勃‧鮑曼與菲爾普斯相遇的那一刻開始，教練鮑勃‧鮑曼就取代了那位自菲爾普斯年幼時便離開了的父親，成為他生命中最為重要的男性權威角色。菲爾普斯跟親生父親的關係時而疏遠時而緊張，卻始終對教練坦誠以待。在教練鮑勃‧鮑曼不斷鞭策和悉心調教下，

菲爾普斯如魚得水，一步步邁向職業發展的高峰。

　　親生父親缺席，一個「代理父親」填補了菲爾普斯對父親的心理需要，這是他擺脫多動症並走向泳壇領獎台的重要動因。我們社會中的許多單親家庭，其實也需要類似的「代理父親」，幫助孩子走出青春期的動蕩與混亂。

　　還有我們前面提到的脫口秀女王奧普拉，青春期的她曾經那麼混亂不堪：整天與夥伴們鬼混、抽煙、酗酒、吸毒，14 歲懷孕時連誰是孩子的爹都不知道，最後還被送進了少管所。在那個混亂得不能再混亂、看起來幾乎無可救藥的時候，是父親的及時出現使她重新走上生活的正軌，才有了後來的脫口秀女王。

　　在青少年這個容易混亂的時代，遇到一個合適的導師是一種人生幸運。對大多數人來說，像菲爾普斯那樣遇到一位父親式的人生導師並不容易。但是每個青少年都有一位父親，從現實角度來看，父親最有可能擔當這個導師的角色，因為很難有另外一個男人會像父親那樣愛他，那樣盡責地管教他。

　　青少年時期是人生當中容易感到迷茫的時期，也是問題行為和犯罪行為的高發期。青少年犯罪、販毒和環境污染並稱為世界三大公害，青少年時期是一個人生的危險期，缺乏良好的家庭管教，此階段的青少年容易出現問題行為，並最終有可能走向犯罪的道路。

　　在孩子青少年時期，父親可能正處於職業發展的關鍵期，這個時候的父親一定要平衡好自身職業發展與子女發展的關係，一定不要顧此失彼，一定要履行好導師的職責，帶領孩子走出青春的混亂。我們經常說父母是孩子的最後一條防線，父親一定要把這條防線守住了。